1일 1독해

한국사 ①

선사~통일 신라, 발해편

"하루 15분" 똑똑한 공부 습관

1일 1독해

초판 7쇄	2024년 7월 5일
초판 1쇄	2022년 6월 20일
펴낸곳	메가스터디(주)
펴낸이	손은진
개발 책임	김문주
개발	양수진, 최성아, 최란경, 조지현
글	큰곰자리
그림	김지애
디자인	이정숙, 주희연
마케팅	엄재욱, 김상민
제작	이성재, 장병미
사진 제공	국립경주박물관, 국립공주박물관, 국립중앙박물관, 경주시, 동북아 역사재단, 부여군, 불국사, 서산시, 분황사, 석굴암, 토픽이미지스, Getty Images Bank
주소	서울시 서초구 효령로 304(서초동) 국제전자센터 24층
대표전화	1661.5431
홈페이지	http://www.megastudybooks.com
출판사 신고 번호	제 2015-000159호
출간제안/원고투고	메가스터디북스 홈페이지 <투고 문의>에 등록

일러두기
· 맞춤법과 띄어쓰기는 국립국어원에서 펴낸 《표준국어대사전》을 기준으로 삼되, 초등학교 교과서의 표기를 참고했습니다.
· 외국의 인명과 지명은 국립국어원에서 펴낸 《외래어 표기법》을 따랐습니다.
· 본 저작물은 공공누리 제1유형에 따라 공공 저작물을 이용하였습니다.

메가스터디BOOKS

'메가스터디북스'는 메가스터디(주)의 교육, 학습 전문 출판 브랜드입니다.
초중고 참고서는 물론, 어린이/청소년 교양서, 성인 학습서까지 다양한 도서를 출간하고 있습니다.

· **제품명** 1일 1독해 한국사 1
· **제조자명** 메가스터디(주) · **제조년월** 판권에 별도 표기 · **제조국명** 대한민국 · **사용연령** 3세 이상
· **주소 및 전화번호** 서울시 서초구 효령로 304(서초동) 국제전자센터 24층 / 1661-5431

매일매일 공부 습관을 길러 주는 공부 친구

내 이름은 체키
Checky

· 나이 ·

11세

· 태어난 곳 ·

태양계 시간성

· 특징 ·

몸집에 비해, 손과 발이 극도로 작다.
매력포인트는 왕 큰 양쪽 귀와 45도로 뻗은 진한 콧수염.

· 성격 ·

허술해 보이는 외모와 다르게 치밀하고, 자신감이 넘친다.

· 지구별에 오게 된 사연 ·

태양계 시간성에서 Wake-up을 담당하는 자명종으로 태어나 지구별로 오게 됐으나,
신기한 지구 생활 매력에 푹 빠져, 하루 종일 신나는 모험 중이다.

· 새로운 재능 ·

'초집중 탐구력'을 발견하고 마음껏 뽐내고 있다.

하루 15분!

· 특기 ·

롤롤이 타고 탐험하기

체키 전용 롤러보드
↳ 롤롤이

· 꿈 ·

메가스터디북스 모든 책의 주인공 되기

1일 1독해

우리 아이 10년 뒤를 바꾸는 독해력!

독해력은 모든 학습의 기초 체력입니다. 초등 시기에 제대로 읽고 이해하는 독해력을 탄탄하게 다져 놓으면, 중학생, 고등학생이 되어 아무리 어려운 지문과 문제를 접하더라도 그 내용을 잘 이해할 수 있고 차근차근 문제를 풀 수 있습니다. 독해력이 뛰어난 아이일수록 여러 교과의 내용을 쉽게 이해할 수 있고, 자신의 생각을 풍부하고 명확하게 표현할 수 있습니다.

왜? 1일 1독해일까?

〈1일 1독해〉 시리즈는 주제에 맞는 이야기가 짧은 지문으로 제시되어 부담 없이 매일 한 장씩 풀기 좋습니다. 독해는 어릴 때 습관을 잡아 주는 것이 가장 중요합니다. 메가스터디북스의 〈1일 1독해〉 시리즈로 몸의 근육을 키우듯 **아이의 학습 근육을 키워 주세요.**

1일 1독해, 엄마들이 선택한 이유가 있습니다!

1 아이가 재미있어서 스스로 보는 책

왜 아이들은 1일 1독해를 "재미있다"고 할까요?
눈높이에 맞는 흥미로운 주제의 지문들을 읽는 즐거움이 있기 때문입니다.
지문을 읽고 바로바로 문제를 풀어 확인하는 단순한 학습 패턴에서 아이는 공부의 재미를 느끼게 됩니다.

2 매일 완독하니까 성공의 경험이 쌓이는 책

하루 15분! 지문 1쪽, 문제 1쪽의 부담 없는 학습량으로 아이는 매일매일 성공적인 학습을 경험합니다.
매일 느끼는 성취감은 꾸준한 학습 습관으로 이어지고, 완독의 경험이 쌓여 아이의 공부 기초 체력이 됩니다.

3 독해 학습과 배경지식 확장이 가능한 책

한국사, 세계사, 사회 등 교과 연계 주제 지문으로 교과 학습 대비가 가능하고,
세계 명작, 고전, 인물까지 인문 교양과 관련된 폭넓은 주제의 지문으로 배경지식을 확장시킬 수 있습니다.
또한 다양한 유형의 문제로 독해력을 키우는 데 효과적입니다.

메가스터디북스 1일 1독해 시리즈

〈1일 1독해〉 시리즈는 독해를 시작하는 예비 초~저학년을 위한 **이야기 시리즈**, 초등학교 전학년이 볼 수 있는 교과 연계 중심의 **교과학습 시리즈**, 배경지식을 확장해 주는 **인문교양 시리즈**로 구성하였습니다.

예비 초~2학년

이야기

과학 이야기 ❶~❻
세계 나라 ❶, ❷
세계 명작
마음 이야기
전 10권

호기심을 키우는 다양한 주제의 이야기로, 아이가 관심 있는 주제부터 시작하여 차근차근 독해력을 길러 줍니다.

초등 교과학습

한국사

❶ 선사~통일 신라, 발해편
❷ 후삼국~고려 시대편
❸ 조선 시대편 (상)
❹ 조선 시대편 (하)
❺ 대한 제국~현대편
전 5권

우리 역사의 주요 사건과 인물을 시대별로 구성하여, 한국사의 흐름을 이해하고 교과 학습에 대비할 수 있습니다.

세계사

❶ 고대편
❷ 중세편
❸ 근대편 (상)
❹ 근대편 (하)
❺ 현대편
전 5권

세계사의 주요 장면들을 독해로 학습하며 우리 아이가 반드시 알아야 할 세계사 지식을 시대별 흐름에 맞춰 익힐 수 있습니다.

초등 사회

❶~❺
전 5권

사회 문화, 지리, 전통문화, 정치, 경제 등의 사회 교과 독해를 통해 교과 학습에 대비할 수 있습니다.

초등 인문교양

세계 고전 50 │ 우리 고전 50

세계 고전 50 ❶, ❷
우리 고전 50
❶ 삼국유사 설화
❷ 교과서 고전문학
전 4권

초등학생이 꼭 읽어 두어야 할 세계 고전 50편과 우리 고전 50편을 하이라이트로 미리 접하며 교양을 쌓을 수 있습니다.

세상을 바꾼 인물 100

❶ 문화·예술
❷ 과학·기술
❸ 의료·봉사
❹ 경제·정치
전 4권

교과서에 수록된 인물을 중심으로 초등학생이 꼭 알아야 할 위대한 인물 100명의 이야기를 통해 바른 인성을 기를 수 있습니다.

1일 1독해 구성과 특징

지문 1쪽 문제 1쪽으로 매일매일 독해력 강화!

선사부터 삼국, 조선, 대한 제국, 현대까지 **시대별로 구성되어** 역사의 흐름을 파악할 수 있도록 도와줍니다.

역사 속 인물, 사건, 제도, 문화 등 다양한 글감으로 **우리 역사에 대한 호기심을** 갖게 하고 지식을 쌓게 합니다.

지문과 관련된 연표를 제공하여 **역사의 흐름 속에서** 이야기를 이해할 수 있도록 도와줍니다.

구석기 시대와 신석기 시대

선사

"사냥을 마쳤으니 어서 동굴로 가자."

구석기 시대ᐟ 사람들이 사냥한 사슴을 메고 동굴로 가요.

동굴이나 바위 그늘은 추위와 사나운 동물의 공격을 피할 수 있어 살기에 알맞은 곳이었어요. 구석기 시대 사람들은 돌을 떼어 내거나 깨뜨려 만든 뗀석기로 사냥한 동물의 가죽을 벗기고, 고기를 잘랐어요. 모두 둘러앉아 고기와 동굴 근처에서 구한 식물의 열매와 뿌리를 먹었어요. 한쪽에서는 불을 피워 동굴 안을 따뜻하게 했지요. 얼마 뒤 동굴 근처에 먹을거리가 떨어지자 구석기 시대 사람들은 새로운 곳을 찾아 떠났어요.

아주 긴 시간이 지나 신석기 시대ᐟ가 되었어요. 신석기 시대 사람들은 더 이상 떠돌아다니지 않고 강가나 해안가에 움집ᐟ을 짓고 살며, 농사를 짓고 가축을 길렀어요.

신석기 시대 사람들은 돌을 갈아 만든 간석기로 사냥을 하거나 농사를 지었어요. 흙으로 빚은 빗살무늬 토기에 곡식을 저장하거나 음식을 만들었지요.

빗살무늬 토기

움집

약 70만 년 전
구석기 시대가
시작됨.

기원전 8000년경
신석기 시대가
시작됨.

8

매일 한 편씩
글감을 읽고 문제를 풀며
학습 습관을 기릅니다.

🌸 읽은 것 확인하기

읽은 날짜 :   월   일

1　구석기 시대 사람들이 사용한 도구의 이름을 쓰세요.

구석기 시대 사람들은 □□□□ 로 고기를 잘랐어요.

2　구석기 시대에 대한 설명으로 맞으면 ○, 틀리면 ✕ 하세요.

(1) 동굴이나 바위 그늘에서 살았다.　　　　　　　(　　)
(2) 동굴 근처에서 식물의 열매와 뿌리를 구해 먹었다.　(　　)
(3) 농사를 짓고 가축을 길렀다.　　　　　　　　(　　)
(4) 불을 피웠다.　　　　　　　　　　　　　(　　)

쓰기 중심의 문제를 풀며
**내용을 확실하게
이해했는지 확인합니다.**

3　신석기 시대 사람들이 짓고 살았던 집의 이름을 쓰세요.

□ □ □

4　다음 설명에 맞는 신석기 시대의 도구를 찾아 줄로 이으세요.

돌을 갈아 만든 것으로, 이것으로
사냥을 하거나 농사를 지었어요.　　•　　　•　빗살무늬 토기

흙으로 빚어 만든 것으로,
이것 안에 곡식을 저장했어요.　　•　　　•　간석기

◆ 역사 용어

구석기 시대 인류가 처음 나타난 시기부터 신석기 시대가 시작되기 전까지 뗀석기를 사용하던 시기.
신석기 시대 간석기를 사용하여 농사를 짓고, 가축을 기르기 시작한 시기.
움집 땅을 파서 바닥을 다진 뒤 기둥을 세우고, 풀이나 짚 등을 덮어 지은 집.

역사 속 인물이나 제도 등
역사 용어를 설명하여
**글감에 대한
이해를 높입니다.**

9

1일 1독해 차례

구석기 시대와 신석기 시대

"사냥을 마쳤으니 어서 동굴로 가자."

구석기 시대[*] 사람들이 사냥한 사슴을 메고 동굴로 가요.

동굴이나 바위 그늘은 추위와 사나운 동물의 공격을 피할 수 있어 살기에 알맞은 곳이었어요. 구석기 시대 사람들은 돌을 떼어 내거나 깨뜨려 만든 뗀석기로 사냥한 동물의 가죽을 벗기고, 고기를 잘랐어요. 모두 둘러앉아 고기와 동굴 근처에서 구한 식물의 열매와 뿌리를 먹었어요. 한쪽에서는 불을 피워 동굴 안을 따뜻하게 했지요. 얼마 뒤 동굴 근처에 먹을거리가 떨어지자 구석기 시대 사람들은 새로운 곳을 찾아 떠났어요.

아주 긴 시간이 지나 신석기 시대[*]가 되었어요. 신석기 시대 사람들은 더 이상 떠돌아다니지 않고 강가나 해안가에 움집[*]을 짓고 살며, 농사를 짓고 가축을 길렀어요.

신석기 시대 사람들은 돌을 갈아 만든 간석기로 사냥을 하거나 농사를 지었어요. 흙으로 빚은 빗살무늬 토기에 곡식을 저장하거나 음식을 만들었지요.

빗살무늬 토기

움집

약 70만 년 전
구석기 시대가
시작됨.

기원전 8000년경
신석기 시대가
시작됨.

🔥 읽은 것 확인하기

1 구석기 시대 사람들이 사용한 도구의 이름을 쓰세요.

> 구석기 시대 사람들은 [　　　　　　　]로 고기를 잘랐어요.

2 구석기 시대에 대한 설명으로 맞으면 ○, 틀리면 ✕ 하세요.

(1) 동굴이나 바위 그늘에서 살았다.　　　　　　　　　　　(　　　　　)

(2) 동굴 근처에서 식물의 열매와 뿌리를 구해 먹었다.　　(　　　　　)

(3) 농사를 짓고 가축을 길렀다.　　　　　　　　　　　　　(　　　　　)

(4) 불을 피웠다.　　　　　　　　　　　　　　　　　　　　(　　　　　)

3 신석기 시대 사람들이 짓고 살았던 집의 이름을 쓰세요.

[　|　|　]

4 다음 설명에 맞는 신석기 시대의 도구를 찾아 줄로 이으세요.

돌을 갈아 만든 것으로, 이것으로 사냥을 하거나 농사를 지었어요.	•	•	빗살무늬 토기
흙으로 빚어 만든 것으로, 이것 안에 곡식을 저장했어요.	•	•	간석기

🚩 **역사 용어**

구석기 시대 인류가 처음 나타난 시기부터 신석기 시대가 시작되기 전까지 뗀석기를 사용하던 시기.

신석기 시대 간석기를 사용하여 농사를 짓고, 가축을 기르기 시작한 시기.

움집 땅을 파서 바닥을 다진 뒤 기둥을 세우고, 풀이나 짚 등을 덮어 지은 집.

청동기 시대의 무덤, 고인돌

청동기 시대*에는 '고인돌'이라는 무덤을 만들었어요. 받침돌이 커다란 덮개돌을 고이고 있어 고인돌이라고 해요.

고인돌은 모양에 따라 '탁자 모양 고인돌', '바둑판 모양 고인돌' 등으로 나뉘어요. 탁자 모양 고인돌은 받침돌을 세워 죽은 사람을 넣어 두는 돌방을 만들고, 탁자처럼 그 위에 커다란 덮개돌을 얹었어요. 바둑판 모양 고인돌은 땅속에 돌방을 만들고, 그 위에 작은 받침돌을 여러 개 세운 뒤 덮개돌을 얹은 것을 말해요.

고인돌 밑에서는 사람의 뼈와 함께 청동기와 석기, 토기 등이 발견되었어요.

한반도에는 세계에서 고인돌이 가장 많이 남아 있어요. 특히 전라북도 고창, 전라남도 화순, 인천광역시 강화 지역에서 많이 볼 수 있어요.

탁자 모양 고인돌

약 70만 년 전 | 기원전 8000년경 | 기원전 2000년경
구석기 시대가 시작됨. | 신석기 시대가 시작됨. | 청동기 문화가 퍼짐.

🪦 읽은 것 확인하기

1 받침돌이 커다란 덮개돌을 고이고 있는 청동기 시대의 무덤이 무엇인지 쓰세요.

2 고인돌 밑에서 발견된 것들을 모두 찾아 ○ 하세요.

사람의 뼈　　금관　　청동기　　토기　　책　　석기

3 다음 설명에 맞는 고인돌을 찾아 줄로 이으세요.

땅속에 돌방을 만들고, 그 위에 작은 받침돌을
여러 개 세운 뒤 덮개돌을 얹었어요.　•

•　탁자 모양
고인돌

받침돌을 세워 돌방을 만들고,
그 위에 커다란 덮개돌을 얹었어요.　•

•　바둑판 모양
고인돌

4 글을 읽으면서 알맞은 말에 ○ 하세요.

한반도에는 세계에서 (청동기 / 고인돌)가/이 가장 많이 남아 있어요.

🚩 역사용어

청동기 시대 구리에 주석 등을 섞어 만든 청동으로 거울, 검, 방울 등을 만들어 쓴 때로, 기원전 2000년경부터 퍼짐.

고조선을 세운 단군왕검 이야기

아주 먼 옛날, 하늘을 다스리는 환인의 아들 환웅이 널리 인간을 이롭게 하기 위해 바람, 비, 구름을 다스리는 신하와 3,000여 명의 무리를 이끌고 태백산 신단수* 아래로 내려왔어요. 환웅은 사람들에게 농사짓는 법과 착하게 사는 법 등을 가르쳤어요.

어느 날, 곰과 호랑이가 환웅을 찾아와 사람이 되게 해 달라고 빌었어요. 환웅은 쑥 한 다발과 마늘 스무 쪽을 내밀었어요.

"동굴 안에서 100일 동안 이것만 먹으면 사람이 될 것이다."

곰과 호랑이는 기뻐하며 동굴로 들어갔어요. 며칠 뒤 호랑이는 참지 못하고 뛰쳐나왔어요. 그러나 곰은 21일 만에 여자로 변했어요.

여자가 된 곰은 환웅과 결혼하여 씩씩한 사내아이를 낳았어요. 사람들은 이 아이를 '단군왕검'이라 불렀어요. 단군왕검은 자라서 아사달을 도읍*으로 정하고 새 나라를 세웠어요. 그 나라가 바로 우리나라 최초의 국가인 '고조선'이에요.

고조선을 세운 단군왕검 이야기는 《삼국유사》에 실려 전해 오고 있어요.

기원전 8000년경	기원전 2333년	기원전 2000년경
신석기 시대가 시작됨.	단군이 고조선을 세움.	청동기 문화가 퍼짐.

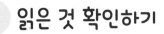

1   환웅이 인간 세상에 내려올 때 함께 온 신하를 모두 찾아 ○ 하세요.

물   바람   천둥   비   구름

2   여자가 된 곰과 하늘에서 내려온 환웅 사이에서 태어난 아이가 누구인지 쓰세요.

3   글의 내용으로 맞으면 ○, 틀리면 ✕ 하세요.

(1) 하늘에서 널리 인간을 이롭게 하기 위해 환웅이 내려왔다.   (   )

(2) 호랑이는 21일 동안 쑥과 마늘만 먹고 여자로 변했다.   (   )

(3) 여자가 된 곰과 환웅이 결혼해 단군왕검을 낳았다.   (   )

(4) 단군왕검은 아사달이라는 나라를 세웠다.   (   )

4   단군왕검이 세운 나라 이름이 되도록 알맞은 글자를 색칠하고 빈칸에 쓰세요.

고	구	조	려	선

역사용어

신단수 환웅이 처음 하늘에서 그 밑으로 내려왔다고 하는 신성한 나무.

도읍 한 나라의 수도. 으뜸이 되는 도시.

고조선 사람들은 어떻게 살았을까요?

고조선 사람들은 대부분 삼이라는 식물에서 뽑아낸 실로 만든 삼베옷이나 동물의 털로 만든 옷을 입고, 짚신을 신었어요. 신분이 높은 사람들은 누에고치에서 뽑은 실로 짠 비단으로 만든 옷에 가죽신을 신었지요.

고조선 사람들은 쌀, 보리, 조, 콩 농사를 지었어요. 이삭을 딸 때는 반달 돌칼*을 사용했지요. 흙을 빚어 불에 구워 만든 다양한 모양의 민무늬 토기*에는 음식을 담거나 곡식을 보관했어요. 또 시루에 음식을 쪄 먹었고, 뜨거운 국물을 뜰 때에는 국자를 사용했어요. 동물의 뼈로 만든 칼과 숟가락도 사용했어요.

고조선 사람들은 신석기 시대 사람들보다 땅을 얕게 파고 움집을 지었어요. 둥근 움집뿐 아니라 네모난 움집도 지었어요. 움집 안에는 음식을 해 먹을 때 불을 피우는 화덕도 있었어요.

반달 돌칼

민무늬 토기

기원전 2333년 기원전 1100년경 기원전 108년

단군이 고조선을 비파형 동검이 고조선이 멸망함.
세움. 나타남.

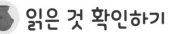
1 고조선 사람들이 입은 옷을 모두 찾아 ○ 하세요.

> 삼베옷　　비단옷　　솜옷　　동물의 털옷　　비닐 옷

2 글을 읽으면서 알맞은 말에 ○ 하세요.

> 고조선 사람들은 (민무늬 / 빗살무늬) 토기에 음식을 담았어요.

3 고조선 사람들이 사용한 도구의 이름을 〈보기〉에서 찾아 쓰세요.

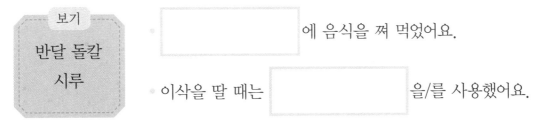

보기

반달 돌칼
시루

• □□□□□ 에 음식을 쪄 먹었어요.

• 이삭을 딸 때는 □□□□□ 을/를 사용했어요.

4 고조선 사람들이 살던 움집에 대한 설명으로 맞는 것을 모두 고르세요.

① 동굴 깊은 곳에 지었어요
② 땅을 얕게 파고 움집을 지었어요.
③ 모두 둥근 움집만 지었어요.
④ 움집 안에는 불을 피우는 화덕이 있었어요.

🚩 **역사용어**

반달 돌칼 이삭을 따는 데 쓰인 반달 모양의 도구.
민무늬 토기 청동기 시대의 무늬 없는 토기로, 용도에 따라 다양한 모양으로 만들어짐.

고조선의 법, 8조법

고조선에는 사회의 질서를 지키기 위한 법이 있었어요. 모두 8개의 조항으로 되어 있어 '8조법'이라고 불려요.

8조법 중에서 '사람을 죽인 사람은 사형에 처한다', '남에게 상처를 입힌 사람은 곡식으로 갚는다', '도둑질한 사람은 도둑맞은 집의 노비로 삼고, 벌을 면하려면 50만 전의 돈을 내야 한다'는 3개 조항만 전해지고 있어요. 이 법을 보면 고조선 사람들의 생활 모습을 알 수 있지요.

고조선에서는 다른 사람을 함부로 죽이지 못하도록 사형으로 막고 있어요. 사람의 목숨을 소중히 여겼다는 것을 알 수 있지요. 또 남에게 상처를 입히면 곡식으로 갚도록 했는데, 이것으로 곡식을 중요하게 여겼고, 농사를 많이 지었다는 것을 알 수 있어요. 도둑질을 하면 노비로 삼거나 돈을 내야 한다고 했는데, 노비가 있던 신분 사회*였다는 것을 알 수 있어요. 또 화폐를 사용했다는 것도 알 수 있지요.

기원전 2333년   기원전 2000년경   기원전 108년

단군이 고조선을 세움.   청동기 문화가 퍼짐.   고조선이 멸망함.

1 고조선에 있었던 법이 무엇인지 쓰세요.

　　　　고조선에는 　　　　　　　　 이라고 불리는 법이 있었어요.

2 현재 전해지는 8조법의 조항은 몇 개인지 쓰세요.

　　　개 조항

3 8조법의 내용에 맞게 알맞은 것끼리 줄로 이으세요.

사람을 죽인 사람은	·	·	곡식으로 갚는다.
남에게 상처를 입힌 사람은	·	·	사형에 처한다.
도둑질한 사람은	·	·	도둑맞은 집의 노비로 삼는다.

4 고조선 사람들의 생활 모습으로 맞는 것을 모두 고르세요.

① 잘못을 하면 무조건 사형에 처했어요.
② 농사를 많이 지었어요.
③ 신분이 없는 평등 사회였어요.
④ 화폐를 사용했어요.

● 역사 용어

신분 사회 태어날 때부터 귀족, 평민, 노비 등으로 계급이 나누어진 사회.

17

신라의 박혁거세 이야기

신라를 세운 박혁거세는 신비한 탄생 이야기가 전해지고 있어요.

아주 오랜 옛날, 진한[*] 땅에 여섯 마을이 있었어요. 여섯 마을 촌장들은 힘을 합쳐 나라를 세우기로 했어요. 여섯 촌장들은 높은 곳에 올라가 도읍을 정할 곳을 살펴보았어요. 그때 밝은 빛줄기가 하늘에서 내려와 나정이라는 우물가를 비추었어요.

"어서 저곳으로 가 봅시다."

우물가에는 흰말이 무릎을 꿇고 있었어요. 촌장들이 다가가자 흰말은 하늘로 올라가 버렸어요. 그 자리에는 신비로운 빛을 내뿜는 커다란 알이 있었어요.

얼마 후, 알에서 건강한 사내아이가 나왔어요. 촌장들은 '빛처럼 환하게 세상을 다스리라.'는 뜻으로 아이 이름을 '혁거세'라 지었어요. 박처럼 생긴 알에서 태어나 성은 '박'이라고 정했지요.

아이가 열세 살이 되던 해, 촌장들은 박혁거세를 왕으로 모시고 새로운 나라 '사로국'을 세웠어요. 뒷날 사로국은 나라 이름을 신라로 바꾸고, 천 년 동안 이어졌어요.

기원전 57년	기원전 37년	기원전 18년
박혁거세가 신라를 세움.	주몽이 고구려를 세움.	온조가 백제를 세움.

👑 읽은 것 확인하기

1 글을 읽으면서 알맞은 말에 ○ 하세요.

(나당 / 나정)이라는 우물가에 신비로운 빛을 내뿜는 (알 / 말)이 있었어요.

2 진한 땅 여섯 촌장들이 알에서 나온 아이의 이름을 무엇이라 지었는지 쓰세요.

3 박혁거세에 대한 설명으로 맞으면 ○, 틀리면 ✕ 하세요.

(1) 빛을 내뿜는 커다란 알에서 나왔다. ( )
(2) 혁거세는 '빛처럼 환하게 세상을 다스리라.'는 뜻이다. ( )
(3) 열세 살에 촌장들과 함께 전쟁터에 나갔다. ( )
(4) 사로국의 왕이 되었다. ( )

4 빈칸에 들어갈 말을 〈보기〉에서 찾아 쓰세요.

보기 　신라　　나정　　사로국

• 여섯 촌장은 박혁거세를 왕으로 모시고 [　　　　　　　]을/를 세웠어요.

• 뒷날 사로국은 나라 이름을 [　　　　　　　](으)로 바꾸었어요.

🚩 역사용어

진한 낙동강 동쪽에 있던 작은 나라들.

고구려를 세운 주몽 이야기

고구려를 세운 주몽은 신비로운 탄생 이야기가 전해지고 있어요.

물의 신 하백의 딸 유화가 놀러 나왔다가 하늘 신의 아들 해모수를 만났어요. 둘은 혼인을 약속했지요. 하지만 해모수가 하늘로 올라가 버리자 유화는 아버지에게 쫓겨나 연못가에서 홀로 지냈어요.

어느 날 부여※의 금와왕이 유화를 발견했어요.

"쯧쯧, 이런 곳에서 홀로 지내다니 불쌍하구나. 궁궐로 가자."

그런데 금와왕을 따라 궁궐로 온 유화에게 아주 이상한 일이 일어났어요. 유화의 배가 불러 오더니 커다란 알을 낳았어요. 이 알에서 잘생긴 사내아이가 나왔어요. 아이는 어려서부터 활을 잘 쏘아 사람들은 그를 '주몽'이라고 불렀어요.

어느덧 주몽은 어른이 되었어요. 금와왕의 왕자들이 주몽을 해치려 하자, 주몽은 친구들과 새로운 나라를 세울 땅을 찾아 나섰어요.

"이곳이 좋겠군. 여기에 도읍을 정하고 나라를 세우겠다."

주몽은 졸본※ 땅에 나라를 세우고, 나라 이름을 '고구려'라고 했어요. 그리고 나라 이름에서 딴 '고'를 성으로 삼아 스스로를 고주몽이라 했어요.

기원전 57년	기원전 37년	기원전 18년
박혁거세가 신라를 세움.	주몽이 고구려를 세움.	온조가 백제를 세움.

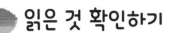

1 주몽의 아버지와 어머니의 이름을 쓰세요.

(1) 아버지: 하늘 신의 아들 _____

(2) 어머니: 물의 신 하백의 딸 _____

2 사람들이 알에서 태어난 유화의 아들을 왜 주몽이라고 불렀나요?

① 커다란 알에서 태어나서
② 활을 잘 쏘아서
③ 얼굴이 잘생겨서

3 빈칸에 들어갈 말을 〈보기〉에서 찾아 쓰세요.

보기
고구려
졸본

주몽은 [　　　　　　] 땅에 나라를 세우고,

나라 이름을 [　　　　　　] 라고 했어요.

4 주몽이 고구려를 세우는 과정을 차례에 맞게 번호를 쓰세요.

| 유화가 낳은 알에서 잘생긴 사내아이가 나왔다. | 주몽은 졸본 땅에 고구려를 세웠다. | 금와왕의 왕자들이 주몽을 해치려 했다. | 유화의 아들은 활을 잘 쏘아 주몽이라고 불렀다. |

역사용어

부여 만주에 있던 고대 국가로, 뒤에 고구려에 합쳐짐.
졸본 고구려의 첫 번째 도읍으로, 지금 중국의 동북 지역.

백제를 세운 온조

고구려를 세운 주몽에게는 아들 비류와 온조가 있었어요. 어느 날 부여에서 낳은 아들 유리가 주몽을 찾아왔어요. 주몽은 크게 기뻐하며 유리를 다음 왕이 될 태자로 삼았어요.

유리가 태자가 되자 비류와 온조는 목숨에 위협을 느껴 더 이상 고구려에 있을 수 없었어요.

비류와 온조는 그들을 따르는 신하들과 수많은 백성을 데리고 남쪽으로 갔어요. 그리고 형인 비류는 미추홀*에, 동생인 온조는 위례성*에 각각 도읍을 정하고 나라를 세웠어요. 하지만 비류가 도읍으로 삼은 미추홀은 바닷가 근처여서 물이 짜고 곡식이 잘 자라지 못했어요.

비류가 죽은 뒤, 미추홀 백성들은 하나둘 온조가 세운 나라인 십제로 모여들었어요. 온조는 나라 이름을 십제에서 '백제'로 바꾸었어요. 백제는 점차 발전하여 큰 나라가 되었어요.

기원전 57년	기원전 37년	기원전 18년
박혁거세가 신라를 세움.	주몽이 고구려를 세움.	온조가 백제를 세움.

🗼 읽은 것 확인하기

1 비류와 온조에 대한 설명으로 맞는 것을 모두 고르세요.

　① 고구려 고주몽의 아들들이에요.
　② 비류와 온조는 형제 사이예요.
　③ 부여에서 온 유리의 아들들이에요.

2 비류와 온조는 각각 어디를 도읍으로 정했는지 알맞은 것을 찾아 줄로 이으세요.

| 비류 | ・ | ・ | 위례성 |

| 온조 | ・ | ・ | 미추홀 |

3 글을 읽고, 빈칸에 알맞은 나라 이름을 쓰세요.

온조는 나라 이름을 _____ 에서 _____ 로 바꾸었어요.

4 온조가 백제를 세우는 과정을 차례에 맞게 번호를 쓰세요.

| 온조와 비류가 신하와 백성을 이끌고 남쪽으로 내려갔다. | 비류가 죽은 뒤, 미추홀 백성들이 온조의 나라로 모여들었다. | 온조가 나라 이름을 십제에서 백제로 바꾸었다. | 비류는 미추홀을, 온조는 위례성을 도읍으로 정하고 나라를 세웠다. |

🏷 역사용어

미추홀 비류가 세운 나라의 도읍으로, 지금의 인천임.
위례성 온조가 정한 백제의 첫 번째 도읍으로, 지금의 한강 북부 지역임.

가야의 여섯 왕 이야기

아홉 촌장들이 다스리는 남쪽 마을이 있었어요. 어느 날 아홉 촌장들이 '구지봉*'이라는 산봉우리에서 제사를 지내는데, 하늘에서 이상한 소리가 들렸어요.

"너희들이 '거북아, 거북아, 머리를 내밀어라, 내밀지 않으면 구워 먹겠다.'라고 노래하며 춤을 추어라. 그러면 하늘에서 내려온 왕을 맞이하게 될 것이다."

아홉 촌장들은 기뻐하며 사람들과 노래하며 춤을 추었어요.

그러자 하늘에서 자주색 줄이 내려왔어요. 줄 끝에는 붉은 보자기에 싸인 금빛 상자가 있었어요. 상자 안에는 해처럼 둥근 황금색 알이 여섯 개 들어 있었지요.

며칠 뒤, 여섯 개의 알에서 여섯 아이가 나왔어요. 사람들은 가장 먼저 나온 아이를 '김수로*'라고 불렀어요.

여섯 아이들은 자라 여섯 가야의 왕이 되었어요. 김수로가 다스리는 가야는 '금관가야'로 불렸어요.

김수로의 탄생 이야기는 《삼국유사》에 실려 전해 오고 있어요.

42년	532년	562년
김수로가 금관가야를 세움.	신라가 금관가야를 멸망시킴.	신라가 대가야를 멸망시킴.

읽은 것 확인하기

1 하늘에서 내려온 왕을 맞이하기 위해 아홉 촌장이 한 일을 찾아 ○ 하세요.

배불리 음식을 먹었어요.   노래하며 춤을 추었어요.   커다란 집을 지었어요.

2 금빛 상자에 대한 설명으로 맞는 것을 모두 고르세요.

① 하늘에서 내려온 자주색 줄 끝에 있었어요.
② 검은 보자기에 싸여 있었어요.
③ 해처럼 둥근 황금색 알이 여섯 개 들어 있었어요.
④ 금빛 상자에 있던 여섯 개의 알에서 여섯 명의 여자아이가 나왔어요.

3 금빛 상자에 들어 있던 여섯 개의 알 중에서 가장 먼저 나온 아이의 이름을 쓰세요.

4 빈칸에 알맞은 나라 이름을 쓰세요.

여섯 아이들은 자라 여섯 ＿＿＿＿＿＿＿＿＿ 의 왕이 되었어요.

역사용어

구지봉 거북이 엎드린 모습을 닮은 산봉우리로, 경상남도 김해시에 있음.
김수로 여섯 가야 중 가장 힘이 센 금관가야를 세운 왕으로, 김해 김씨의 시조임.

백제를 발전시킨 근초고왕

'강한 나라가 되려면 땅을 넓혀야 한다.'

백제의 제13대 근초고왕은 왕이 되자 먼저 혼란에 빠진 남쪽의 나라 마한을 차지했어요. 그리고 백제에 쳐들어온 고구려군을 물리치고, 직접 군대를 이끌고 평양성까지 밀고 올라갔어요. 이때 고구려의 고국원왕*이 활에 맞아 죽었어요. 이 전쟁에서 승리한 백제는 황해도에서 남해안 지역에 이르는 넓은 땅을 차지하게 되었어요. 이뿐만 아니라 중국과 일본에까지 진출했어요.

근초고왕은 중국에 사신을 보내 앞선 문물을 받아들였어요. 일본에는 학자를 보내 한학과 《논어》, 《천자문》을 전해 주었어요. 또, 가지가 일곱 개 뻗은 '칠지도'라는 칼을 내려 주었어요. 칠지도를 받은 일본은 백제가 원할 때면 언제든 군대를 보내 돕겠다고 약속했어요.

근초고왕은 백제의 땅을 크게 넓혔을 뿐만 아니라 역사책인 《서기》를 펴내고, 왕의 힘을 키우는 등 백제의 정치와 문화를 발전시켰어요.

백제가 일본에 보낸 칠지도

346년	371년	372년	375년
근초고왕이 왕위에 오름.	근초고왕이 고구려 평양성을 공격함.	중국 동진에 사신을 보냄.	근초고왕이 세상을 떠남.

1 근초고왕 때 백제와 문물을 주고받은 두 나라의 이름을 쓰세요.

　　　　　　　　　　　　　 , 　　　　　　　　　　　　

2 근초고왕이 일본에 보낸 칼의 이름으로 알맞은 것을 찾아 따라 쓰세요.

칠 지 도　　　　　　팔 지 도

3 빈칸에 알맞은 백제 왕의 이름을 쓰세요.

　　　　　　　은 백제의 땅을 크게 넓혔을 뿐만 아니라

역사책을 펴내고, 왕의 힘을 키우는 등 백제의 정치와 문화를 발전시켰어요.

4 글의 내용으로 맞으면 ○, 틀리면 × 하세요.

(1) 근초고왕은 남쪽의 나라 마한을 차지했다. 　　　　　　　(　　　)

(2) 백제는 고구려에게 져 평양성을 빼앗겼다. 　　　　　　　(　　　)

(3) 근초고왕은 중국에 칠지도라는 칼을 내려 주었다. 　　　　(　　　)

(4) 백제는 일본에 한학과 《논어》, 《천자문》을 전해 주었다. 　(　　　)

🚩 **역사 용어**

마한 54개의 작은 부족으로 이루어진 나라로, 지금의 경기도, 충청도, 전라도에 걸쳐 있었음.

고국원왕 331년에 고구려 제16대 왕이 되었고, 평양성 전투에서 목숨을 잃음.

사신 임금이나 나라의 명령을 받아 외국에 가는 신하.

넓은 땅을 차지한 광개토 대왕

열여덟 살의 담덕이 고구려의 제19대 왕이 되었어요. 바로 '광개토 대왕'이에요.

"기름진 평야가 있는 남쪽의 백제를 차지할 것이다."

광개토 대왕은 여러 번 백제를 공격했어요. 결국 백제의 아신왕은 고구려에 항복했어요.

"고구려 군사를 신라에 보내 주십시오."

일본의 공격을 받은 신라가 고구려에 도움을 청했어요. 그러자 광개토 대왕은 5만 명의 병사를 신라에 보내 일본을 물리쳤어요. 그 후 고구려는 신라의 정치에 간섭하였어요.

광개토 대왕은 북쪽으로 향했어요. 숙신*을 공격해 만주* 지역을 차지했고, 북서쪽의 요동도 차지했어요.

그러나 안타깝게도 광개토 대왕은 마흔도 안 된 나이에 세상을 떠났어요. 뒤를 이은 장수왕은 아버지 광개토 대왕의 업적을 적은 '광개토 대왕릉비*'를 세웠어요.

광개토 대왕릉비

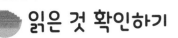

읽은 것 확인하기

1. 빈칸에 알맞은 고구려 왕의 이름을 쓰세요.

　　　열여덟 살의 담덕이 고구려 제19대 왕, ＿＿＿＿＿＿＿＿＿ 이 되었어요.

2. 광개토 대왕이 5만 명의 병사를 보내 도와준 나라는 어디인지 쓰세요.

3. 광개토 대왕이 한 일로 맞는 것을 모두 고르세요.

　① 백제를 공격해 항복을 받아 내었어요.
　② 일본을 공격해 일본 땅을 빼앗았어요.
　③ 숙신을 공격해 만주 지역을 차지했어요.
　④ 광개토 대왕릉비를 세웠어요.

4. 광개토 대왕의 업적이 적힌 비석의 이름이 되도록 알맞은 글자를 모두 색칠하세요.

| 광 | 장 | 개 | 수 | 토 | 대 | 석 | 왕 | 신 | 릉 | 진 | 비 |

역사 용어

숙신 지금의 중국 동북 지역에 살았던 종족.
만주 지금의 중국 동북 지방.
요동 지금의 중국 요녕성 동남부 일대로, 중국으로 가는 중요한 육상 통로였음.
광개토 대왕릉비 약 6.39미터 높이의 비석으로, 고구려의 역사와 광개토 대왕의 업적이 적혀 있음.

우산국을 정복한 신라의 이사부

신라 지증왕* 때 우산국* 사람들이 바다를 건너와 신라 백성들의 집에 불을 지르고 곡식을 마구 빼앗아 갔어요.

신라 동쪽 바닷가를 지키던 용맹스러운 장군 이사부는 우산국을 정복해야겠다고 생각했어요.

'우산국 사람들은 미련하고 사납다고 하는데, 그들을 정복할 좋은 방법이 없을까?'

이사부는 우산국에 쳐들어갈 방법을 곰곰이 생각했어요.

"나무로 사자를 만들어라."

나무 사자가 다 만들어지자 이사부는 배에 싣고 우산국으로 향했어요. 나무 사자를 처음 본 우산국 사람들은 깜짝 놀랐어요. 무시무시하게 생긴 동물이 다가오고 있었기 때문이지요. 우산국 사람들은 겁에 질렸어요.

"어서 항복해라! 그렇지 않으면 이 사자를 우산국에 풀어 놓겠다!"

이사부의 말에 우산국 사람들은 곧바로 항복했어요.

이사부는 싸우지 않고 우산국을 신라의 땅으로 만들었어요.

500년	503년	512년
지증왕이 왕위에 오름.	지증왕이 나라 이름을 신라로 정함.	신라가 우산국을 정복함.

읽은 것 확인하기

1 우산국을 신라의 땅으로 만든 장군의 이름을 쓰세요.

2 이사부가 우산국에 쳐들어가기 위해 생각한 방법은 무엇인지 빈칸에 쓰세요.

> 이사부는 나무로 ＿＿＿＿＿＿＿＿＿＿를 만들어 우산국 사람들을
> 겁주기로 했어요.

3 글을 읽으면서 알맞은 말에 ○ 하세요.

> 이사부는 (우산국 / 가야국)을 (백제 / 신라)의 땅으로 만들었어요.

4 글의 내용으로 맞으면 ○, 틀리면 ✕ 하세요.

(1) 이사부는 백제의 장군이다. 　　　　　　　　　　　　　　(　　　)
(2) 나무 사자를 본 우산국 사람들은 겁에 질려 항복했다. 　　(　　　)
(3) 이사부는 우산국을 신라의 땅으로 만들었다. 　　　　　　(　　　)
(4) 이사부는 우산국에 쳐들어가 불을 지르고 곡식을 빼앗았다. (　　　)

역사용어

지증왕 신라 제22대 왕으로, 나라 이름을 '신라'로 정하고 왕을 부르는 말을 '마립간'에서 '왕'으로 바꿈.
우산국 지금의 울릉도에 있던 작은 나라.

삼국 시대의 신분과 생활 모습

고구려, 백제, 신라 사람들은 태어날 때부터 귀족, 평민, 노비로 신분*이 정해져 있었어요. 신분에 따라 하는 일, 집의 크기와 모양, 입을 수 있는 옷, 음식 등이 달랐지요.

귀족들은 높은 관리가 되어 나랏일을 했어요. 여러 칸으로 지어진 기와집에서 살며, 흰 쌀밥에 고기를 먹었어요. 또 비단으로 만든 옷을 입었는데, 옷의 품이 넓고 길이도 길게 만들어 귀족이라는 것을 나타냈어요.

평민들은 농사를 지으며 갈대나 볏짚으로 지붕을 얹은 초가집에서 살았어요. 삼베옷을 입고, 보리와 조 등의 잡곡을 먹었어요. 평민들은 나라에 세금을 내고, 군대를 가거나 큰 공사에도 불려 나갔어요.

노비는 가장 낮은 신분이었어요. 전쟁에 져서 끌려온 포로나 죄를 지은 사람이 노비가 되었지요. 노비는 주인집의 여러 가지 일을 하며 살았어요. 물건처럼 주인이 사고팔기도 했어요.

고구려 귀족의 모습을 볼 수 있는
수산리 고분 벽화의 무덤 주인의 행렬도

194년	405년	503년
고구려가 진대법을 실시함.	백제가 일본에 한문과 유학을 전함.	신라가 국호와 왕호를 정함.

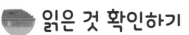
1 고구려, 백제, 신라에 있던 세 가지 신분을 쓰세요.

2 삼국 시대 귀족과 어울리지 <u>않는</u> 말을 모두 찾아 ✕ 하세요.

관리　　초가집　　비단옷　　쌀밥　　농사　　삼베옷

3 빈칸에 들어갈 말을 〈보기〉에서 찾아 쓰세요.

보기
세금
농사

평민들은 [　　　　　　] 를 짓고,

나라에 [　　　　　　] 을 냈어요.

4 삼국 시대 노비에 대한 설명으로 맞는 것을 모두 고르세요.

① 노비는 가장 높은 신분이었어요.
② 전쟁에서 져서 끌려온 포로나 죄지은 사람이 노비가 되었어요.
③ 노비는 주인이 사고팔 수 있었어요.
④ 노비는 군대를 가거나 큰 공사에 불려 나갔어요.

 역사 용어

신분 사회에서 정해진 위치나 계급.

불교를 받아들인 삼국

고구려, 백제, 신라의 왕들은 석가모니가 세운 종교인 불교를 받아들였어요. 불교는 백성들의 마음을 하나로 모으고, 왕을 부처처럼 섬기도록 할 수 있었기 때문이에요.

가장 먼저 불교를 받아들인 나라는 고구려였어요. 소수림왕* 때 중국 전진의 승려가 불경과 불상을 들고 들어와 불교를 전했지요.

그다음은 백제가 불교를 받아들였어요. 침류왕 때 인도의 승려가 백제로 건너와 불교를 전했어요.

신라는 삼국 중에서 가장 늦게 불교를 받아들였어요. 제19대 눌지왕 때 불교가 전해졌지만 귀족들이 불교를 받아들이는 것을 반대했어요. 제23대 법흥왕 때 이차돈*이 왕에게 불교를 위해 목숨을 바치겠다고 했어요. 왕의 명령으로 그의 목을 베자 흰 피가 솟구쳤고, 하늘에서 꽃비가 내렸다고 해요. 이 일이 있고 나서 법흥왕은 불교를 인정했어요.

불교가 들어온 뒤 삼국은 탑과 절을 세우고, 불교를 널리 퍼뜨렸어요.

고구려의 금동 연가
7년명 여래 입상

백제의 서산 용현리
마애여래 삼존상

신라의 경주 분황사
모전석탑

372년	384년	527년
고구려 소수림왕 때 불교를 받아들임.	백제 침류왕 때 불교를 받아들임.	신라 법흥왕 때 불교를 인정함.

👑 읽은 것 확인하기

1 삼국의 왕들이 불교를 받아들인 이유를 모두 고르세요.

① 백성들의 마음을 하나로 모으기 위해서
② 불상을 많이 만들게 하기 위해서
③ 왕을 부처처럼 섬기도록 하기 위해서
④ 귀족들의 재산을 빼앗기 위해서

2 각 나라에서 불교를 받아들이거나 인정한 왕의 이름을 쓰세요.

(1) 고구려:

(2) 백제:

(3) 신라:

3 불교를 받아들인 나라부터 차례대로 번호를 쓰세요.

백제　　　　　　　신라　　　　　　　고구려

4 불교를 위해 목숨을 바친 신라 승려의 이름을 쓰세요.

신라 법흥왕 때 　　　　　　이 불교를 위해 목숨을 바쳤어요.

🖊 역사 용어

소수림왕 고구려 제17대 왕으로, 교육 기관인 태학을 세웠으며 나라의 법과 명령을 널리 알림.
이차돈 법흥왕 때 불교를 위해 목숨을 바친 신라의 승려.

일본에 전해진 삼국의 문화

고구려, 백제, 신라는 모두 이웃 나라인 일본에 문물을 전해 주었어요.

삼국 중에서 특히 백제가 일본에 가장 많은 영향을 끼쳤어요. 백제의 아직기*는 일본으로 건너가 일본 왕자에게 한자를 가르쳤고, 왕인*은 《논어》, 《천자문》을 전해 주었어요. 그 뒤에도 백제는 승려와 기와를 만드는 와박사, 벽화를 그리는 화사 등 전문가를 일본에 보내 절을 짓는 데 큰 도움을 주었어요. 일본 호류사의 오층 목탑은 백제의 정림사지 오층 석탑과 매우 비슷하게 생겼어요.

고구려의 승려 혜자는 일본 왕자의 스승이 되었고, 승려 담징은 종이와 먹 만드는 방법을 전해 주고, 호류사의 벽화를 그린 것으로 전해져요.

신라는 배 만드는 기술과 둑을 쌓는 기술을 전해 주었어요.

이처럼 삼국은 한문, 불교, 미술, 건축 등 많은 분야에서 일본에 큰 영향을 주었어요.

백제의 부여
정림사지 오층 석탑

일본의 호류사
오층 목탑

405년
백제, 일본에
한문과 유학을
전함.

552년
백제, 일본에
불교를 전함.

595년
고구려 승려 혜자,
일본 왕자의
스승이 됨.

1 삼국 가운데 일본에 가장 많은 영향을 끼친 나라를 쓰세요.

2 백제가 일본에 전한 것들에 대한 설명으로 맞는 것을 모두 고르세요.

① 아직기가 일본 왕자에게 한자를 가르쳤어요.
② 종이와 먹 만드는 방법을 전해 주었어요.
③ 배 만드는 기술을 전해 주었어요.
④ 와박사, 화사 등을 보내 절 짓는 일을 도와주었어요.

3 다음은 누가 한 일인지 〈보기〉에서 찾아 번호를 쓰세요.

보기　① 담징　　② 왕인　　③ 혜자

• 《논어》와 《천자문》을 전해 주었어요.　　　　　　　（　　　　）
• 일본 왕자의 스승이 되었어요.　　　　　　　　　　（　　　　）
• 종이와 먹 만드는 방법을 전해 주었어요.　　　　　（　　　　）

4 신라가 일본에 전해 준 기술이 무엇인지 빈칸에 알맞은 말을 쓰세요.

신라는 일본에 　　　　　를 만드는 기술과 　　　　　을 쌓는 기술을 전해 주었어요.

📍 역사 용어

아직기·왕인 백제의 학자로, 백제 왕의 명령을 받아 일본으로 건너가 문화를 전해 주었음.

백제의 문화를 엿볼 수 있는 무령왕릉

백제의 제25대 무령왕은 백성들이 잘사는 나라를 만들기 위해 애썼어요. 굶주린 백성을 위해 곡식을 나누어 주고, 가뭄이 들어도 농사가 잘되도록 저수지를 쌓았어요.

무령왕과 그의 왕비를 모신 무덤이 '무령왕릉'이에요.

무령왕릉은 벽돌을 쌓아 관 넣는 방을 만들고, 천장은 둥근 모양으로 쌓아 올렸어요. 이것은 중국 양나라*에서 무덤을 만들던 방식으로, 백제가 중국 문화의 영향을 받았다는 것을 알 수 있어요. 하지만 벽돌에는 연꽃무늬를 새겨 넣어 더 우아하게 만들었어요.

무령왕릉에서는 무덤을 지키는 석수*와 금으로 만든 관 꾸미개, 금귀고리, 금팔찌 같은 무령왕과 무령왕비의 금 장신구들이 나왔어요. 이것들은 백제 사람들의 섬세한 솜씨를 잘 보여 주어요.

무령왕릉 내부 모습

무령왕릉 석수

무령왕 금제 관식

501년	523년	538년
무령왕이 왕위에 오름.	무령왕이 세상을 떠남.	성왕이 사비로 도읍을 옮김.

1 무령왕이 한 일에 맞게 알맞은 말에 ○ 하세요.

- 굶주린 백성을 위해 (곡식 / 돈)을 나누어 주었어요.
- 가뭄이 들어도 농사가 잘되도록 (성 / 저수지)을/를 쌓았어요.

2 무령왕릉에 대한 설명이 맞도록 빈칸에 알맞은 말을 쓰세요.

무령왕릉은 [　　　　　　　　　]을 쌓아 관 넣는 방을 만들었어요.

3 무령왕릉을 보고 알 수 있는 것으로 알맞은 것에 ○ 하세요.

백제는 다른 나라의 문화를
받아들이지 않았어요.

백제는 중국 문화의
영향을 받았어요.

4 무령왕릉에 대한 설명으로 맞으면 ○, 틀리면 × 하세요.

(1) 무령왕과 무령왕비를 모신 무덤이다. 　　　　　　　　(　　　)
(2) 벽돌에 연꽃무늬를 새겨 넣어 우아하게 만들었다. 　　(　　　)
(3) 무령왕릉에서 석수는 발견되지 않았다. 　　　　　　　(　　　)
(4) 금 장신구들은 백제 사람들의 섬세한 솜씨를 잘 보여 준다. (　　　)

🚩 **역사용어**

양나라 502년에서 557년까지 중국 양쯔강 하류에 있던 나라.
석수 무덤을 지키게 하려고 짐승의 모습을 새겨 만든 돌조각.

신라의 돌무지덧널무덤

　신라의 도읍 경주에서는 나무로 관 넣을 방을 만들고, 그 위에 돌을 쌓은 다음 다시 흙을 덮은 '돌무지덧널무덤'이 발견되었어요. 돌무지덧널무덤에서는 금관 외에도 금으로 만든 장식, 허리띠 등 화려한 금 장신구가 많이 발견되었어요.

　신라 금관에는 하늘로 뻗은 나뭇가지와 사슴뿔 모양의 장식이 있어요. 이런 장식은 시베리아 지역의 유물에서 볼 수 있는 것으로 북쪽 유목 민족[※]의 영향을 받은 것으로 추측되어요.

　또 무덤에서는 다양한 색깔의 유리그릇도 발견되었어요. 유리그릇은 고구려, 백제에서는 발견되지 않았어요. 이 유리그릇은 로마의 유리그릇과 모양이 비슷한데, 아마도 비단길과 바닷길을 통해 신라에 전해진 것으로 보여요.

　신라 사람들은 북쪽 유목 민족의 문화뿐 아니라 고구려, 백제의 영향을 받으면서 자신만의 문화를 발전시켰어요. 그리고 금을 다루는 뛰어난 기술로 화려한 황금 문화도 꽃피웠지요.

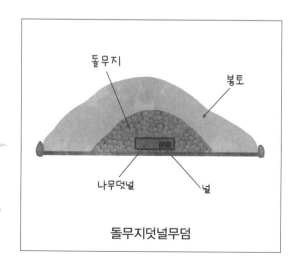

돌무지덧널무덤

신라의 금관

503년
신라가
국호와 왕호를
정함.

527년
법흥왕 때
불교를 인정함.

540년
진흥왕이
왕위에 오름.

읽은 것 확인하기

1 나무로 관 넣을 방을 만들고 그 위에 돌을 쌓은 무덤 방식이 무엇인지 쓰세요.

2 신라의 돌무지덧널무덤에서 발견된 것을 모두 찾아 ○ 하세요.

| 금관 | 유리그릇 | 플라스틱 컵 | 금제 허리띠 | 석수 |

3 신라 금관에 대한 설명으로 옳지 <u>않은</u> 것은 무엇인가요?

① 하늘로 뻗은 나뭇가지와 사슴뿔 모양 장식이 있어요.
② 고구려, 백제의 금관과 모양이 똑같아요.
③ 북쪽 유목 민족의 영향을 받았어요.
④ 신라 사람들은 금을 다루는 기술이 뛰어났어요.

4 신라의 유리그릇이 로마의 것과 비슷한 이유가 무엇인지 빈칸에 쓰세요.

로마의 유리그릇이 _____ 과 _____ 을 통해

신라로 전해진 것이에요.

🖊 역사용어

유목 민족 소, 말 등을 기르며 이동을 하며 사는 민족.
비단길 중국과 서아시아, 지중해를 잇는 무역로로, 실크로드라고도 함.

철의 나라, 가야

낙동강 유역에 있던 여러 개의 작은 나라가 모여 가야를 이루었어요. 여섯 가야는 금관가야, 대가야, 아라가야, 소가야, 성산가야, 고령가야예요. 처음에는 김해 지역에 있었던 금관가야가, 나중에는 고령의 대가야가 여섯 가야를 이끌었어요.

가야는 '철의 나라'라고 불릴 만큼 철이 많이 나왔어요. 가야의 철은 질이 좋아 일본, 낙랑군, 대방군* 등에 수출했어요.

가야 사람들은 철을 다루는 기술도 뛰어났어요. 철제 칼과 창, 철제 판갑옷, 철제 투구, 철제 말머리가리개 등 철로 다양한 무기를 만들었어요. 특히 여러 장의 얇은 철판을 엮어 만든 판갑옷은 솜씨가 좋아야 만들 수 있는 것이었어요.

또, 가야 사람들은 철로 낫이나 따비 같은 농기구도 만들었어요. 철로 만든 농기구는 농사짓는 데 큰 도움을 주었어요.

가야 사람들은 철을 사용하면서 수준 높은 문화를 이루었어요. 하지만 여섯 가야가 힘을 하나로 모으지 못하고 결국 신라의 공격으로 멸망하고 말았어요.

철제 판갑옷과 투구

42년	532년	562년
김수로가 금관가야를 세움.	신라가 금관가야를 멸망시킴.	신라가 대가야를 멸망시킴.

읽은 것 확인하기

1 여섯 가야가 세워지고 처음에 여섯 가야를 이끈 나라의 이름을 쓰세요.

2 가야는 철이 많이 나와서 무엇이라고 불렸는지 쓰세요.

3 여러 장의 얇은 철판을 엮어 만든 옷의 이름을 찾아 따라 쓰세요.

갑 판 옷　　철 판 옷　　판 갑 옷

4 가야의 철 문화에 대한 설명으로 맞으면 ○, 틀리면 × 하세요.

(1) 가야 사람들은 철을 다루는 기술이 부족했다.　　　　　(　　　　)
(2) 가야 사람들은 철로 농기구를 만들었다.　　　　　　　(　　　　)
(3) 가야는 철을 일본, 낙랑군, 대방군 등에 수출했다.　　　(　　　　)
(4) 가야는 철을 너무 많이 사용해 결국 멸망했다.　　　　　(　　　　)

역사용어

낙랑군·대방군 고조선이 멸망한 후 중국 한나라가 기원전 108년에 고조선 땅에 설치한 지방 정권.

수나라의 침입과 고구려의 살수 대첩

612년, 중국 수나라* 황제가 병사 113만 명을 이끌고 고구려를 쳐들어왔어요. 고구려군은 용감히 싸워 수나라군을 크게 물리쳤어요.

그러자 초조해진 수나라 황제는 우중문 장군에게 30만 명의 군대로 고구려의 도읍 평양성을 공격하게 했어요.

수나라군이 평양성을 향해 쳐들어오자 을지문덕*은 항복하는 체하며 일부러 잡혔어요. 그러고는 수나라군의 사정을 알아내어 돌아왔어요. 수나라 병사들은 먼 길을 걸어오느라 몹시 지쳐 있고 식량도 부족했지요.

을지문덕은 싸우는 척하며 도망가기를 7번 하여 수나라군을 더 지치게 했어요. 그리고 우중문에게 수나라로 돌아가라는 시를 지어 보냈어요. 지친 병사로는 싸울 수 없다고 생각한 우중문은 수나라로 되돌아가기로 했어요. 수나라군이 살수*에 다다랐을 때였어요.

"강물을 막았던 둑을 터뜨려라!"

강물이 순식간에 수나라군을 덮쳤어요. 허우적거리는 수나라군을 향해 고구려군은 화살을 쏘아 댔어요. 수나라군은 겨우 2,700여 명만이 살아 돌아갔지요. 이 전쟁을 '살수 대첩'이라고 해요.

서울 광진구에 있는
을지문덕 장군상

598년	612년	645년
수나라가 고구려를 쳐들어옴(1차).	살수 대첩	안시성 싸움

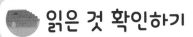
1 수나라군의 사정을 알아낸 을지문덕은 어떻게 했나요?

① 수나라군과 싸우지 않고 항복했어요.
② 싸우는 척하며 도망가기를 7번 하여 수나라군을 더 지치게 했어요.
③ 수나라군에게 살수로 도망가라고 길을 알려 주었어요.

2 글을 읽으면서 빈칸에 알맞은 장군 이름을 쓰세요.

> 고구려의 장군 ＿＿＿＿＿＿＿은 수나라 장군 ＿＿＿＿＿＿＿에게
> 수나라로 돌아가라는 시를 지어 보냈어요.

3 둑을 터뜨려 수나라군을 크게 무찌른 곳이 어디인지 쓰세요.

4 살수 대첩이 일어난 과정을 차례에 맞게 번호를 쓰세요.

을지문덕이 일부러 잡혀 수나라군의 사정을 알아냈다.

고구려군이 살수에서 막았던 둑을 터뜨려 수나라군을 크게 무찔렀다.

을지문덕이 싸우는 척하며 도망가기를 7번 하여 수나라군을 지치게 했다.

수나라 황제가 우중문에게 30만 명의 군대를 이끌고 평양성을 공격하게 했다.

역사 용어

수나라 581년에 양견이 세운 나라로, 589년에 중국을 통일했음.
을지문덕 고구려 영양왕 때의 장군으로, 살수 대첩을 이끎.
살수 평안북도 서남부를 흐르는 지금의 청천강.

신라 젊은이들의 수련 단체, 화랑도

신라 진흥왕* 때 젊은이들이 모여 몸과 마음을 닦는 '화랑도'라는 단체가 있었어요.

화랑도는 화랑과 화랑을 따르는 수십 명의 낭도들로 이루어져 있었어요. 화랑은 귀족 집안의 젊은이 중에서 용모가 단정하고 행동이 반듯한 젊은이를 뽑았고, 낭도는 귀족이 아니어도 될 수 있었어요. 이들은 함께 무예와 학문을 익히고, 산과 들을 다니며 씩씩한 기운과 넓은 마음을 길렀어요.

원광 법사*는 화랑이 지켜야 할 다섯 가지 규칙을 담아 '세속 오계'를 만들었어요. 세속 오계는 '나라에 충성하고, 부모에게 효도하며, 친구는 믿음으로 대하고, 싸움에 나가서는 물러섬이 없어야 하며, 생명을 함부로 죽여서는 안 된다.'는 것이지요.

화랑들은 이 가르침을 따르며 신라의 용맹하고 지혜로운 신하와 장수가 되었어요. 화랑도는 훗날 신라가 삼국을 통일하는 데 큰 역할을 했어요.

540년	553년	562년
진흥왕이 왕위에 오름.	진흥왕이 한강 하류를 차지함.	진흥왕이 대가야를 멸망시킴.

읽은 것 확인하기

1 신라에 있었던 무슨 단체에 대한 설명인지 빈칸에 알맞은 말을 쓰세요.

　　　　　　　　　는 젊은이들이 모여 몸과 마음을 닦는 단체예요.

2 화랑도에 대한 설명으로 맞으면 ○, 틀리면 × 하세요.

(1) 화랑도는 화랑과 낭도들로 이루어져 있다. 　　　　　　(　　　　)

(2) 낭도는 귀족만 될 수 있었다. 　　　　　　(　　　　)

(3) 화랑과 낭도들은 모여 무예만 연습했다. 　　　　　　(　　　　)

(4) 화랑도는 신라가 삼국을 통일하는 데 큰 역할을 했다. 　　　　　　(　　　　)

3 원광 법사가 만든 화랑들이 지켜야 할 다섯 가지 규칙을 무엇이라고 하는지 쓰세요.

4 세속 오계에 맞게 빈칸에 들어갈 말을 〈보기〉에서 찾아 번호를 쓰세요.

보기 　① 싸움 　② 효도 　③ 생명 　④ 믿음 　⑤ 충성

• 나라에 ＿＿＿＿＿＿＿하고, 부모에게 ＿＿＿＿＿＿＿하며,

친구는 ＿＿＿＿＿＿＿으로 대하고, ＿＿＿＿＿＿＿에 물러섬이

없어야 하며, ＿＿＿＿＿＿＿을 함부로 죽여서는 안 된다.

역사용어

진흥왕 신라 제24대 왕으로, 화랑도를 국가 조직으로 만들어 인재를 길러 냈음.
원광 법사 신라의 승려로, 중국에서 불교를 연구하고 강의를 하며 이름을 떨침.

선덕 여왕과 황룡사 구층 목탑

선덕 여왕[*]이 신라를 다스릴 때, 신라는 백제와 고구려의 공격에 시달렸어요.

"황룡사[*]에 구층 목탑을 세우면 신라를 구할 수 있을 것입니다."

중국에서 공부하고 돌아온 승려 자장이 선덕 여왕에게 말했어요.

선덕 여왕은 자장의 말대로 구층 목탑을 세우기로 했어요. 하지만 신라에는 기술자가 없어서 백제에서 아비지를 데려왔어요.

탑의 기둥을 세우는 날, 아비지는 자신의 나라 백제가 망하는 꿈을 꾸었어요. 꿈에서 깬 아비지는 탑의 기둥을 세우지 못했어요. 그런데 갑자기 나이 든 승려와 힘이 센 장사가 나타나 기둥을 세웠어요. 깜짝 놀란 아비지가 눈을 비비자 승려와 장사는 사라졌고, 커다란 기둥이 눈앞에 서 있었어요.

'신기한 일이네. 이 탑을 만드는 것이 부처님의 뜻인가 보다.'

아비지는 정성 들여 황룡사 구층 목탑을 완성했어요.

선덕 여왕은 황룡사 구층 목탑을 지어 부처의 힘으로 신라를 지키겠다는 자신의 뜻을 백성들에게 보여 주었어요.

황룡사 구층 목탑 모형

632년
선덕 여왕이 왕위에 오름.

634년
분황사를 세움.

645년
황룡사 구층 목탑을 짓기 시작함.

👑 읽은 것 확인하기

1 선덕 여왕이 다스릴 때 신라의 상황으로 알맞은 것에 ◯ 하세요.

삼국을 통일하여
평화로웠어요.

백제와 고구려의 공격에
시달렸어요.

2 선덕 여왕이 부처의 힘으로 신라를 지키기 위해 만든 탑의 이름을 쓰세요.

3 선덕 여왕에게 황룡사 구층 목탑을 세우라고 한 사람은 누구인지 쓰세요.

승려

4 글을 읽으면서 알맞은 말에 ◯ 하세요.

백제의 (아비지 / 아직기)가 황룡사 구층 목탑을 지었어요.

🚩 **역사 용어**

선덕 여왕 신라 제27대 왕으로, 16년 동안 다스림. 신라의 첫 여왕이었음.
황룡사 신라의 도읍 서라벌에 있던 신라 제일의 절.

백제의 계백과 황산벌 전투

백제 의자왕 때 충성스러운 장군 계백이 있었어요.

어느 날 김유신이 이끄는 신라군 5만 명이 당나라군과 함께 백제로 쳐들어왔어요. 계백이 서둘러 무예가 뛰어난 군사를 뽑았지만 불과 5,000명밖에 되지 않았어요.

'만약 전쟁에 진다면 가족들은 모두 신라의 노비가 될 터…….'

계백은 어쩔 수 없이 아내와 자식들을 베고 죽을 각오로 황산벌로 향했어요.

계백과 백제군은 온 힘을 다해 싸워 거듭 승리했어요. 백제군이 신라군을 몰아내고 있던 때, 신라의 화랑 관창이 백제군을 향해 뛰어들었어요. 계백은 잡혀 온 관창의 앳된 얼굴을 보고 놀랐어요.

"비록 적이지만 어린 소년이 아주 용맹하구나. 이번엔 살려 주겠다."

얼마 지나지 않아 또다시 관창이 홀로 백제군을 향해 뛰어들었어요. 계백은 이번에는 관창의 목을 베어 신라군에게 보냈어요.

그 뒤 신라군은 무서운 기세로 백제군을 향해 몰려왔어요. 결국 계백은 황산벌에서 목숨을 잃었고, 백제는 신라에 지고 말았어요.

백제의 충신이었던 성충, 흥수, 계백을 기리기 위해 지은 사당인 삼충사의 모습

641년	660년
백제의 의자왕이 왕위에 오름.	황산벌 전투에서 백제가 신라에 지고, 백제가 멸망함.

읽은 것 확인하기

1. 글을 읽으면서 알맞은 말에 ○ 하세요.

> 백제 (의자왕 / 무령왕) 때 충성스러운 신하 (관창 / 계백)이 있었어요.

2. 계백이 전쟁터로 나가기 전 가족을 왜 칼로 베었는지 알맞은 것에 ○ 하세요.

> 전쟁에 지면 모두
> 신라의 노비가 되기 때문에

> 신라로 모두 도망갈 수도
> 있기 때문에

3. 계백이 황산벌 전투에서 살려 준 어린 소년이 누구인지 쓰세요.

신라의 화랑, ☐☐☐

4. 계백이 신라군과 싸우다 목숨을 잃은 곳이 어디인지 빈칸에 쓰세요.

> 계백은 ☐☐☐ 에서 신라군과 싸우다 목숨을 잃었어요.

역사용어

김유신 금관가야의 왕족 출신으로, 삼국 통일에 중심적인 역할을 한 신라의 장군.
황산벌 지금의 충청남도 논산시 연산면 일대의 넓은 들판.
관창 16세에 황산벌 전투에서 싸우다 죽은 신라의 화랑.

신라는 어떻게 삼국을 통일했을까요?

작은 나라였던 신라는 진흥왕 때 한강 유역을 차지하며 땅을 넓혔어요. 그러나 선덕 여왕과 진덕 여왕 때에 이르러 백제의 잦은 공격으로 어려움에 처하게 되었지요.

백제의 공격으로 어려움에 처하자 신라는 김춘추를 고구려에 보내 도움을 청했지만 거절당했어요. 김춘추는 당나라로 건너가 함께 백제를 공격하기로 약속했어요. 그 뒤 진덕 여왕에 이어 왕이 된 무열왕 김춘추는 당나라와 힘을 합쳐 백제를 공격했어요.

신라의 김유신과 당나라의 소정방이 이끄는 군대는 660년에 사비성을 공격하여 백제를 멸망시켰어요.

그 뒤 신라와 당의 연합군은 고구려를 공격했어요. 그 무렵 고구려는 계속된 전쟁과 권력 다툼으로 나라 안이 어지러웠어요. 결국 평양성이 무너지며 668년에 고구려는 멸망했어요.

그런데 전쟁이 끝난 뒤에도 당나라가 돌아가지 않고 한반도 전체를 빼앗으려고 했어요. 신라는 당나라와 끈질기게 싸웠지요.

마침내 676년, 문무왕이 당나라를 한반도에서 완전히 몰아내고 삼국 통일을 이루었어요.

경주 문무 대왕릉

660년	668년	675년	676년
백제가 멸망함.	고구려가 멸망함.	신라가 매소성에서 당나라를 물리침.	신라가 삼국을 통일함.

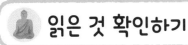

1 어려움에 처한 신라에서 누구를 보냈는지 빈칸에 알맞은 이름을 찾아 따라 쓰세요.

> 신라는 ＿＿＿＿＿＿를 고구려에 보내 도움을 청했지만 거절당했어요.

김유신　소정방　김춘추

2 어느 나라에 대한 설명인지 알맞은 나라를 찾아 줄로 이으세요.

| 평양성을 빼앗기며 668년에 멸망했어요. | • | | • | 백제 |
| 사비성을 빼앗기며 660년에 멸망했어요. | • | | • | 고구려 |

3 신라가 삼국을 통일한 과정을 차례에 맞게 번호를 쓰세요.

| 신라와 당나라가 힘을 합쳤다. | 신라가 당나라를 한반도에서 완전히 몰아냈다. | 신라와 당의 연합군이 고구려를 멸망시켰다. | 신라와 당의 연합군이 백제를 멸망시켰다. |

4 삼국 통일을 이룬 왕이 누구인지 쓰세요.

 **역사용어**

> 김춘추 진골 출신으로, 신라 제29대 태종 무열왕이 되어 삼국 통일의 기초를 마련함.

발해를 세운 대조영

고구려가 멸망한 뒤, 당나라는 고구려 땅을 직접 다스리려고 했어요. 당나라는 고구려 유민들을 강제로 당나라 땅 여기저기에 흩어져 살게 했어요.

대조영은 고구려 유민들을 이끌고 말갈족과 힘을 합쳐 당나라군에 맞서 용감히 싸웠어요.

"당나라군이 다시 쳐들어올지 모르니 안전한 곳을 찾아 떠나자."

대조영은 고구려 유민과 말갈족을 이끌고 당나라의 힘이 닿지 않는 곳을 찾아 계속 동쪽으로 갔어요. 마침내 동모산 기슭에 이르러 도읍을 정하고 발해를 세웠어요.

"우리는 고구려의 후손입니다! 앞으로 이곳에서 당나라와 신라에 맞서 싸워 고구려의 옛 땅을 되찾읍시다!"

발해가 세워졌다는 소식에 흩어져 있던 고구려 유민들이 모여들었어요. 그 뒤 발해는 옛 고구려의 땅을 대부분 차지하였고, 고구려 문화를 이어받아 강한 나라로 발전했어요.

668년	676년	698년
고구려가 멸망함.	신라가 삼국을 통일함.	대조영이 발해를 세움.

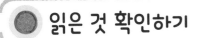
1 고구려가 멸망한 뒤 고구려 땅에서는 무슨 일이 있었나요?

① 신라가 고구려 땅을 직접 다스리려고 했어요.
② 당나라가 고구려 땅을 직접 다스리려고 했어요.
③ 고구려 땅에는 아무도 살지 않았어요.

2 대조영이 동쪽으로 떠날 때 함께 간 사람들을 모두 찾아 ○ 하세요.

고구려 유민　　　말갈족　　　당나라 사람　　　백제 유민

3 빈칸에 들어갈 말을 〈보기〉에서 찾아 쓰세요.

보기
발해
동모산

• 대조영은 ＿＿＿＿＿＿＿＿ 기슭에 도읍을 정하고

＿＿＿＿＿＿＿＿ 를 세웠어요.

4 발해에 대한 설명으로 맞는 것을 고르세요.

① 발해는 고구려 사람들이 당나라와 힘을 합쳐 세웠어요.
② 발해는 말갈족의 문화만을 이어받았어요.
③ 발해는 옛 고구려 땅을 대부분 차지하게 되었어요.
④ 발해는 고구려 유민들이 말갈족을 피해 세운 나라예요.

🚩 **역사 용어**

유민 나라가 망하여 여기저기 떠돌아다니는 무리.
말갈족 한반도 북부와 만주 동북부에 살았던 민족으로, 흑수말갈이라고도 불림.
동모산 발해의 도읍이었던 곳으로, 지금의 중국 지린성 둔화시 부근임.

발해는 어떤 나라였을까요?

발해는 선왕* 때 크게 발전했어요. 당나라에서는 발해를 '바다 동쪽에 있는 번성한 나라'라는 뜻으로 '해동성국'이라고 불렀지요.

발해의 도읍인 상경성은 도시 전체를 감싸고 있는 외성과 왕이 살고 있는 궁성, 나랏일을 보던 황성으로 나누어져 있었어요.

상경성은 바둑판 모양으로 11개의 도로가 나 있을 정도로 큰 규모였어요. 상경에 남아 있는 수막새,* 석등, 돌우물, 성터 등을 보면 발해는 고구려 문화를 바탕으로 당나라와 말갈족의 문화를 받아들였다는 것을 알 수 있어요.

발해는 신라, 당, 거란, 일본뿐만 아니라 중앙아시아 나라들과 활발하게 교류했어요. 거란길, 영주길, 조공길, 신라길, 일본길의 5개 무역로가 있었지요.

발해의 특산물에는 담비 가죽, 말, 붕어, 철, 다시마, 자두 등이 있었어요. 그중 담비 가죽과 말은 품질이 좋기로 유명했지요.

발해의 연꽃무늬 수막새

고구려의 연꽃무늬 수막새

755년	818년	918년	926년
발해의 도읍을 상경으로 옮김.	선왕이 왕위에 오름.	왕건이 고려를 세움.	발해가 멸망함.

읽은 것 확인하기

1 '바다 동쪽에 있는 번성한 나라'라는 뜻으로 발해를 무엇이라고 불렀는지 쓰세요.

2 빈칸에 들어갈 나라 이름을 〈보기〉에서 찾아 쓰세요.

보기

고구려

말갈족

• 발해는 　　　　　　　　 문화를 바탕으로,

당나라와 　　　　　　　　 문화를 받아들였어요.

3 발해의 특산물 중에서 가장 유명한 두 가지를 찾아 ○ 하세요.

담비 가죽　　　붕어　　　말　　　다시마　　　자두

4 글의 내용으로 맞으면 ○, 틀리면 × 하세요.

(1) 발해는 선왕 때 크게 발전했다.　　　　　　　　　　　　　　　　(　　　　)

(2) 발해의 도읍 상경성은 바둑판 모양으로 도로가 나 있었다.　　　　(　　　　)

(3) 발해는 다른 나라와 무역을 하지 않았다.　　　　　　　　　　　　(　　　　)

(4) 발해의 문화는 당나라와 백제 문화가 어우러져 만들어졌다.　　　(　　　　)

역사용어

선왕 발해 제10대 왕으로, 발해의 전성기를 이끌었음.

수막새 수키와와 수키와 사이 기왓골 끝에 사용되었던 기와.

불교를 널리 알린 의상과 원효

신라 문무왕 때 의상과 원효라는 승려가 있었어요. 두 사람은 불교를 더 배우기 위해 당나라로 길을 나섰어요.

며칠이 지난 어느 날, 의상과 원효는 동굴에서 하룻밤을 지내게 되었어요. 둘은 동굴 바닥에 몸을 누이고 곧 잠이 들었지요. 한참을 자다가 잠에서 깬 원효는 목이 말라 머리맡에 있던 물을 벌컥벌컥 마셨어요.

다음 날 아침, 잠에서 깬 원효는 깜짝 놀랐어요. 밤에 마신 물이 해골에 고인 썩은 물이었거든요. 원효는 마구 구역질을 했어요.

그러다 문득 이런 생각이 들었어요.

'그렇게 달고 맛있던 물이 썩은 물인 것을 알자 구역질이 나다니. 그래, 세상 모든 일도 마음먹기에 따라 달라질 것이다.'

그길로 원효는 신라로 돌아와서는 불교의 가르침을 쉽게 풀어서 백성들에게 널리 알렸어요.

한편, 의상은 당나라로 가 공부를 한 뒤 신라로 돌아왔어요. 그리고 화엄종*을 전하며 많은 제자를 길러 냈지요.

원효 대사 동상

661년	676년	686년	702년
원효, 의상이 당나라로 떠남.	신라가 삼국을 통일함.	원효가 세상을 떠남.	의상이 세상을 떠남.

1 신라 문무왕 때 불교를 더 배우기 위해 당나라로 떠난 두 승려의 이름을 쓰세요.

과

2 당나라로 떠난 원효가 동굴에서 마신 물은 어떤 물이었는지 알맞은 것에 ○ 하세요.

시원한 샘물   해골에 고인 썩은 물   몸에 좋은 약수

3 원효가 밤에 마신 물이 썩은 물인 것을 알고 구역질을 하다가 깨달은 것을 쓰세요.

세상 모든 일도 _____ 에 따라 달라질 것이다.

4 다음은 누가 한 일인지 알맞은 사람을 찾아 줄로 이으세요.

불교의 가르침을 쉽게 풀어서
백성들에게 널리 알렸어요.   •   •   의상

화엄종을 전하며
많은 제자를 길러 냈어요.   •   •   원효

역사 용어

화엄종 불교의 한 종파로, 석가모니가 깨달은 내용을 전하는 경전인 화엄경을 바탕으로 하여 가르치는 종파.

신문왕과 만파식적 이야기

삼국을 통일한 문무왕이 죽고 신문왕*이 왕의 자리에 올랐어요.

신문왕은 문무왕을 위해 바닷가에 감은사를 짓고 자주 찾아갔어요. 그러던 어느 날, 감은사 앞바다에 둥둥 떠다니는 작은 산 하나를 보았어요. 산꼭대기에는 대나무 한 그루가 있었지요.

"대나무가 낮에는 둘로 갈라지고, 해가 지면 하나로 합쳐집니다."

신하들의 말에 신문왕은 배를 타고 바다에 떠다니는 작은 산으로 갔어요. 그곳에 가니 갑자기 바닷물이 치솟더니 커다란 용이 나타났어요.

"이 대나무는 문무왕과 김유신 장군의 선물이니, 이 대나무로 피리를 만들어 불면 나라가 평안해질 것이오."

용의 말대로 신문왕은 대나무로 피리를 만들어 천존고*에 보관했어요.

바다 건너 적이 쳐들어오자 신문왕은 간절한 마음으로 피리를 불었어요. 그러자 적의 배가 휙휙 뒤집혔어요. 피리를 불면 나라에 퍼지던 병이 없어지고, 가뭄에는 비가 내리고 홍수에는 비가 개었어요. 신문왕은 나라를 평안하게 다스릴 수 있었어요. 그 뒤로 이 피리가 모든 걱정을 잠재운다 해서 '만파식적'이라고 불렀어요.

만파식적 이야기는 《삼국유사》에 실려 전해 오고 있어요.

681년	682년	692년
신문왕이 왕위에 오름.	신문왕이 감은사를 완성함.	신문왕이 세상을 떠남.

1 용의 말을 들은 신문왕이 무엇을 했는지 빈칸에 쓰세요.

대나무로 [   ] 를 만들어 [   ] 에 보관했어요.

2 신문왕이 만든 피리의 이름을 따라 쓰고, 무슨 뜻인지 쓰세요.

만 파 식 적 → [   ]

3 피리를 불면 어떻게 되는지 알맞은 것을 찾아 줄로 이으세요.

적의 배가 쳐들어왔을 때 •	• 비가 오고, 비가 개었어요.
나라에 병이 퍼졌을 때 •	• 병이 사라졌어요.
가뭄과 홍수가 일어났을 때 •	• 적의 배가 뒤집혔어요.

4 일이 일어난 차례대로 빈칸에 번호를 쓰세요.

| 피리 덕분에 신문왕은 나라를 평안하게 다스릴 수 있었다. ( ) | 산꼭대기에 있던 대나무가 낮에는 갈라지고, 밤에는 합쳐졌다. ( ) | 커다란 용이 나타나 대나무로 피리를 만들라고 했다. ( ) | 감은사 앞바다에 둥둥 떠다니는 작은 산 하나가 나타났다. ( ) |

🖌 역사용어

신문왕 신라 제31대 왕으로, 왕의 힘을 키우고 제도를 정리함.
천존고 신라의 도읍인 경주의 월성 안에 있었던 창고.

불국사와 석굴암

　삼국을 통일한 신라는 불교를 중심으로 찬란한 문화를 꽃피웠어요. 그중 토함산에 있는 불국사와 석굴암이 대표적이에요.

　《삼국유사》에는 신라 경덕왕* 때 김대성이 불국사와 석굴암을 지었다고 나와 있어요.

　불국사는 '부처님의 나라'라는 뜻을 가진 절로, 대웅전 앞에는 불국사 다보탑과 불국사 삼층 석탑이 있어요. 불국사 다보탑은 나무를 깎은 듯 섬세하고 아름답게 조각되어 있어요. 불국사 삼층 석탑은 석가탑이라고도 하며, 세계에서 가장 오래된 목판 인쇄물인 《무구정광 대다라니경》이 발견되었어요.

　석굴암의 원래 이름은 석불사예요. 돌을 쌓아 동굴을 만들고, 천장을 돌로 둥글게 쌓은 방을 만든 뒤 가운데에 본존불을 놓았어요. 본존불은 석가모니가 깨달음을 얻는 순간을 표현하고 있어요. 석굴암은 매우 과학적으로 습기가 조절되도록 만들어져 그 모습을 오래 간직할 수 있었어요.

경주 불국사 다보탑

경주 불국사 삼층 석탑

경주 석굴암 본존불

742년	751년	828년
경덕왕이 왕위에 오름.	불국사, 석굴암을 짓기 시작함.	장보고가 청해진을 설치함.

1 《삼국유사》에 기록된 내용에 맞게 알맞은 말에 ○ 하세요.

> 불국사와 석굴암은 (경문왕 / 경덕왕) 때 (김사성 / 김대성)이 지었어요.

2 불국사에 있는 탑에 대한 설명으로 알맞은 것을 찾아 줄로 이으세요.

| 다보탑 | · | · | 《무구 정광 대다라니경》이 발견되었어요. |
| 석가탑 | · | · | 나무를 깎은 듯 섬세하게 조각되어 있어요. |

3 석가탑에서 나온 세계에서 가장 오래된 목판 인쇄물의 이름을 쓰세요.

4 석굴암에 대한 설명으로 맞으면 ○, 틀리면 ✕ 하세요.

(1) 원래 이름은 석불사이다.   (   )
(2) 자연적으로 만들어진 동굴 안에 본존불을 모셨다.   (   )
(3) 본존불은 석가모니가 깨달음을 얻는 순간을 표현하였다.   (   )
(4) 과학적으로 습기가 조절되도록 만들어졌다.   (   )

역사용어

경덕왕 신라 제35대 왕으로, 불국사와 석굴암을 짓도록 함.
김대성 신라 경덕왕 때의 사람으로 정확한 기록은 찾을 수 없음.

바다를 지킨 신라의 장보고

신라 흥덕왕* 때 바다를 지키는 장보고가 있었어요.

장보고는 남쪽의 작은 섬에서 태어나 젊은 시절 당나라로 가 뛰어난 무술 솜씨로 무령군 소장이라는 벼슬까지 하게 되었어요.

어느 날, 장보고는 신라방*에서 수많은 신라의 소년이 해적에게 납치되어 노비로 팔려 가는 모습을 보았어요. 장보고는 신라로 돌아와 흥덕왕에게 부탁을 했어요.

"군사를 주시면 해적을 모두 없애 버리겠습니다."

흥덕왕은 장보고에게 만 명의 군사를 내주었어요. 장보고는 완도에 성을 쌓고 배가 드나들 수 있는 시설을 갖추었어요. 그리고 그곳을 '청해진'이라고 이름 붙였어요. 장보고는 군사를 훈련시키고, 튼튼한 군선도 만들었어요. 그리고 바닷길에서 무역선들의 물건을 훔치는 해적들을 모두 무찔렀어요.

그 덕분에 무역선들이 당나라, 신라, 일본을 잇는 바닷길을 안심하고 다닐 수 있게 되었어요.

장보고 동상

828년	846년	851년
장보고가 청해진을 설치함.	장보고가 세상을 떠남.	청해진을 없앰.

1 장보고가 해적을 없애야겠다고 결심한 이유를 고르세요.

  ① 해적이 당나라에 자주 쳐들어왔기 때문에

  ② 신라의 소년들이 해적에게 납치되어 노비로 팔려 갔기 때문에

  ③ 무령군 소장이라는 벼슬을 하게 되어서

2 장보고가 신라로 돌아와 흥덕왕에게 부탁한 내용을 쓰세요.

3 빈칸에 들어갈 말을 〈보기〉에서 찾아 쓰세요.

> 보기
>
> 청해진
> 완도

  • 장보고는 [＿＿＿＿＿＿]에 성을 쌓고

    [＿＿＿＿＿＿](이)라고 이름 붙였어요.

4 청해진에서 장보고가 한 일로 맞으면 ○, 틀리면 ✕ 하세요.

  (1) 다른 나라의 무역선들이 바닷길을 다니지 못하게 막았다.   (   )

  (2) 지나가는 배에서 물건을 훔쳐 백성들에게 나누어 주었다.   (   )

  (3) 바다로 나가 해적들을 모두 무찔렀다.   (   )

  (4) 군사를 훈련시키고 튼튼한 군선을 만들었다.   (   )

🚩 **역사용어**

흥덕왕 신라 제42대 왕으로, 이 시기에 활발한 무역 활동이 펼쳐짐.

신라방 당나라에서 신라 사람들이 모여 살던 곳.

신라의 골품제

신라에는 '골품제'라는 신분 제도가 있었어요. 골품제는 가장 높은 성골부터 진골, 6두품, 5두품, 4두품, 3두품, 2두품, 1두품으로 신분을 구분한 거예요.

골품은 태어날 때부터 정해졌고, 한번 정해지면 바꿀 수 없었어요. 성골과 진골은 왕족이고, 6두품~4두품은 귀족, 3두품~1두품은 평민이었어요.

골품에 따라 사는 집의 크기, 옷의 색깔, 탈것의 종류 등이 달랐어요. 또 오를 수 있는 관직도 정해져 있어서 능력이 아무리 뛰어나도 정해진 관직보다 높은 자리는 올라갈 수 없었지요. 그래서 두품 가운데 가장 높은 6두품 중에는 승려가 되거나 학문에 힘써 학자가 되는 사람이 있었어요.

통일 신라 말기에 나라의 힘이 약해지고, 왕의 자리를 두고 다툼이 심해지자 골품제에 불만을 가져 신라에 등을 돌리는 6두품이 점점 많아졌어요.

851년	887년	935년
청해진을 없앰.	진성 여왕이 왕위에 오름.	신라가 항복함.

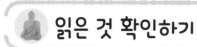
1 신라에 있었던 신분 제도의 이름을 쓰세요.

2 골품제에서 가장 높은 신분부터 차례대로 번호를 쓰세요.

| 진골 | 6~4두품 | 성골 | 3~1두품 |

3 골품제에 대한 설명으로 맞는 것을 고르세요.

① 골품은 여러 번 바꿀 수 있었어요.
② 골품에 따라 집의 크기, 옷 색깔, 관직 등이 정해져 있었어요.
③ 6두품도 왕이 될 수 있었어요.
④ 1두품이 가장 높은 골품이었어요.

4 승려와 학자가 많았던 두품을 쓰세요.

두품

8~9쪽　(선사)　구석기 시대와 신석기 시대

1 구석기 시대 사람들은 **뗀석기**로 고기를 잘랐어요.

2 (1) ○, (2) ○, (3) ✕, (4) ○

3 움집

4 (순서대로) 간석기, 빗살무늬 토기

도움말

뗀석기는 큰 돌을 깨거나 그 조각을 떼어 내 만드는데, 쓰임에 따라 찍개, 주먹도끼, 긁개 등이 있어요. 간석기는 돌을 갈아 만드는데 돌괭이, 갈판, 갈돌 등이 있어요.

10~11쪽　(선사)　청동기 시대의 무덤, 고인돌

1 고인돌

2 사람의 뼈, 청동기, 토기, 석기

3 (순서대로) 바둑판 모양 고인돌, 탁자 모양 고인돌

4 고인돌

도움말

고인돌의 덮개돌 하나의 무게가 수십 톤에 이르고, 청동기가 함께 묻혀 있는 것을 볼 때 고인돌의 주인은 청동기를 가질 수 있고, 수많은 사람을 거느린 큰 권력을 가진 사람이라고 추측되어요.

12~13쪽　(고조선)　고조선을 세운 단군왕검 이야기

1 바람, 비, 구름

2 단군왕검

3 (1) ○, (2) ✕, (3) ○, (4) ✕

4 고조선

도움말

단군왕검 이야기를 통해 고조선은 곰을 숭배하는 무리가 하늘의 자손임을 내세운 강한 세력에 합쳐져 세운 나라임을 알 수 있어요.

14~15쪽　(고조선)　고조선 사람들은 어떻게 살았을까?

1 삼베옷, 비단옷, 동물의 털옷

2 민무늬

3 **시루**에 음식을 쪄 먹었어요.

　이삭을 딸 때는 **반달 돌칼**을 사용했어요.

4 ②, ④

도움말

고조선 사람들은 무늬가 없고 단단한 '민무늬 토기'를 많이 사용했어요. '미송리식 토기'는 고조선의 대표적인 토기로, 양쪽 옆에 손잡이가 달려 있고 밑이 납작해요.

고 조 선 **고조선의 법, 8조법**

1 고조선에는 **8조법**이라 불리는 법이 있었어요.

2 3개 조항

3 (순서대로) 사형에 처한다, 곡식으로 갚는다, 도둑맞은 집의 노비로 삼는다.

4 ②, ④

도움말

고조선의 8조법을 보면 고조선은 사람의 목숨을 중요하게 여겼으며 개인이 재산을 소유하였고, 노비 제도가 있는 사회였다는 것을 알 수 있어요.

삼 국 **신라의 박혁거세 이야기**

1 나정, 알

2 박혁거세

3 (1) ○, (2) ○, (3) ×, (4) ○

4 여섯 촌장은 박혁거세를 왕으로 모시고 **사로국**을 세웠어요. 뒷날 사로국은 나라 이름을 **신라**로 바꾸었어요.

도움말

기원전 57년에 세워진 사로국은 석탈해와 김알지가 등장하면서 박씨, 석씨, 김씨가 번갈아가며 다스렸어요.

삼 국 **고구려를 세운 주몽 이야기**

1 (1) 아버지: 하늘 신의 아들 **해모수**

　(2) 어머니: 물의 신 하백의 딸 **유화**

2 ②

3 주몽은 **졸본** 땅에 나라를 세우고, 나라 이름을 **고구려**라고 했어요.

4 1, 4, 3, 2

도움말

기원전 37년에 주몽이 졸본에 세운 고구려는 유리왕 때 국내성으로 도읍을 옮겼어요. 그 뒤 주변의 작은 나라들을 정복하며 영토를 넓혀 나갔어요.

삼 국 **백제를 세운 온조**

1 ①, ②

2 (순서대로) 미추홀, 위례성

3 온조는 나라 이름을 **십제**에서 **백제**로 바꾸었어요.

4 1, 3, 4, 2

도움말

백제의 도읍이었던 위례성은 한강 유역으로, 평야 지대가 넓게 펼쳐져 있고, 바다를 통해 중국의 문화를 받아들이기 좋은 곳이었어요.

24~25쪽 삼국 가야의 여섯 왕 이야기

1 노래하며 춤을 추었어요.

2 ①, ③

3 김수로

4 여섯 아이들은 자라 여섯 **가야**의 왕이 되었어요.

도움말

초기에는 김해 지역에 위치한 금관가야가 가야 연맹을 이끌었어요. 금관가야의 힘이 약해진 뒤에는 대가야가 이끌다 562년 신라에 정복되면서 가야 연맹은 사라졌어요.

26~27쪽 삼국 백제를 발전시킨 근초고왕

1 중국, 일본

2 칠지도

3 **근초고왕**은 백제의 땅을 크게 넓혔을 뿐만 아니라 역사책을 펴 내고, 왕의 힘을 키우는 등 백제의 정치와 문화를 발전시켰어요.

4 (1) ○, (2) ×, (3) ×, (4) ○

도움말

칠지도는 7개의 가지가 달린 칼로, 백제의 수준 높은 철기 제작 기술뿐 아니라 백제와 일본과의 밀접한 관계를 보여 주는 유물이에요.

28~29쪽 삼국 넓은 땅을 차지한 광개토 대왕

1 열여덟 살의 담덕이 고구려 제19대 왕, **광개토 대왕**이 되었어요.

2 신라

3 ①, ③

4 광개토 대왕릉비

도움말

고구려는 광개토 대왕과 장수왕 때 만주 지방과 한반도 중부 지방에 이르는 넓은 영토를 차지했어요.

30~31쪽 삼국 우산국을 정복한 신라의 이사부

1 이사부

2 이사부는 나무로 **사자**를 만들어 우산국 사람들을 겁주기로 했어요.

3 우산국, 신라

4 (1) ×, (2) ○, (3) ○, (4) ×

도움말

이사부는 신라 지증왕 때 활약한 장군으로 512년 나무 사자로 우산국 사람들을 위협해 우산국을 정복했어요. 그리고 562년에는 대가야를 공격해 멸망시켰어요.

삼 국 **삼국 시대의 신분과 생활 모습**

1 귀족, 평민, 노비

2 초가집, 농사, 삼베옷

3 평민들은 **농사**를 짓고, 나라에 **세금**을 냈어요.

4 ②, ③

도움말

가장 낮은 신분이었던 노비는 군대에 가거나 큰 공사에 불려 나가지 않았어요. 평민은 나라에 세금을 내고, 군대를 가고, 때때로 큰 공사에 불려 나갔어요.

삼 국 **불교를 받아들인 삼국**

1 ①, ③

2 (1) 고구려: **소수림왕**, (2) 백제: **침류왕**, (3) 신라: **법흥왕**

3 2, 3, 1

4 신라 법흥왕 때 **이차돈**이 불교를 위해 목숨을 바쳤어요.

도움말

백제는 미륵사, 신라는 황룡사와 같은 거대한 절을 지었으며, 특히 신라는 법흥왕, 진흥왕, 진평왕 등 불교식으로 왕의 이름을 지었어요.

삼 국 **일본에 전해진 삼국의 문화**

1 백제

2 ①, ④

3 ②, ③, ①

4 신라는 일본에 **배**를 만드는 기술과 **둑**을 쌓는 기술을 전해 주었어요.

도움말

삼국이 일본에 전한 불교 문화와 학문, 기술 등은 일본의 고대 문화인 아스카 문화가 만들어지는 데 큰 영향을 주었어요.

삼 국 **백제의 문화를 엿볼 수 있는 무령왕릉**

1 곡식, 저수지

2 무령왕릉은 **벽돌**을 쌓아 관 넣는 방을 만들었어요.

3 백제는 중국 문화의 영향을 받았어요.

4 (1) ○, (2) ○, (3) ✕, (4) ○

도움말

무령왕릉은 충청남도 공주시의 송산리 고분군에 있는 능으로, 무령왕과 그의 왕비가 함께 묻혀 있어요.

삼 국 신라의 돌무지덧널무덤

1 돌무지덧널무덤
2 금관, 유리그릇, 금제 허리띠
3 ②
4 로마의 유리그릇이 **비단길**과 **바닷길**을 통해 신라로 전해진 것이에요.

도움말
돌무지덧널무덤은 신라가 삼국을 통일하기 전에 경주 지역에서 만들어졌어요. 그 가운데 천마총에서는 금관과 천마도 등 1만 점 이상의 유물이 나왔어요.

삼 국 철의 나라, 가야

1 금관가야
2 철의 나라
3 판갑옷
4 (1) ✕, (2) ◯, (3) ◯, (4) ✕

도움말
대가야가 신라에 의해 정복당하면서 가야는 사라졌어요. 그러나 그 문화는 신라에 전해져 신라의 발전을 이끌었어요. 경상남도 김해에는 금관가야의 유물과 유적이 많이 남아 있어요.

삼 국 수나라의 침입과 고구려의 살수 대첩

1 ②
2 고구려의 장군 **을지문덕**은 수나라 장군 **우중문**에게 수나라로 돌아가라는 시를 지어 보냈어요.
3 살수
4 2, 4, 3, 1

도움말
수나라는 살수 대첩 이후에도 몇 차례 더 고구려를 침략했지만 모두 실패했어요.

삼 국 신라 젊은이들의 수련 단체, 화랑도

1 **화랑도**는 젊은이들이 모여 몸과 마음을 닦는 단체예요.
2 (1) ◯, (2) ✕, (3) ✕, (4) ◯
3 세속 오계
4 ⑤, ②, ④, ①, ③

도움말
화랑은 진흥왕 때, 인재를 기르기 위해 국가적인 조직으로 정비되었어요. 삼국 통일을 이룬 김유신도 화랑이었어요.

(삼 국) **선덕 여왕과 황룡사 구층 목탑**

1 백제와 고구려의 공격에 시달렸어요.

2 황룡사 구층 목탑

3 승려 **자장**

4 아비지

(도움말)

백제의 건축 기술이 뛰어나 신라는 백제의 기술자인 아비지를 초청해 신라의 황룡사 구층 목탑을 세웠어요. 하지만 구층 목탑은 고려 시대 몽골의 침입으로 불에 타 사라져 버렸어요.

(삼 국) **백제의 계백과 황산벌 전투**

1 의자왕, 계백

2 전쟁에 지면 모두 신라의 노비가 되기 때문에

3 신라의 화랑, **관창**

4 계백은 **황산벌**에서 신라군과 싸우다 목숨을 잃었어요.

(도움말)

신라군을 이끈 김유신은 원래 금관가야의 왕족이었어요. 김유신은 15살에 화랑이 된 뒤 무예를 닦으며 큰 뜻을 키워 장군이 되었어요.

(통 일) (신 라) **신라는 어떻게 삼국을 통일했을까요?**

1 김춘추

2 (순서대로) 고구려, 백제

3 1, 4, 3, 2

4 문무왕

(도움말)

신라의 삼국 통일은 고구려, 백제, 신라 사람들을 하나로 합쳐 새로운 민족 문화를 이루는 계기가 되었어요. 하지만 당나라의 도움을 얻었다는 점과 대동강 북쪽의 고구려 땅을 대부분 잃었다는 점에서 한계가 있었어요.

(발 해) **발해를 세운 대조영**

1 ②

2 고구려 유민, 말갈족

3 대조영은 **동모산** 기슭에 도읍을 정하고 **발해**를 세웠어요.

4 ③

(도움말)

발해는 고구려가 멸망한 뒤 고구려가 있었던 자리에 고구려인이었던 대조영이 세운 나라예요. 발해의 여러 유적과 유물, 기록을 볼 때 발해가 고구려를 계승하였다는 것을 알 수 있지요.

발 해 발해는 어떤 나라였을까요?

1 해동성국

2 발해는 **고구려** 문화를 바탕으로,
  당나라와 **말갈족** 문화를 받아들였어요.

3 담비 가죽, 말

4 (1) ○, (2) ○, (3) ×, (4) ×

도움말

중국 길림에서 발견된 발해 제3대 문왕의 넷째 딸이
었던 정효 공주의 무덤 안에는 무사, 악사, 시종 등
12명의 신하가 그려진 벽화가 있어요. 이 벽화로 발
해 사람들의 옷차림과 생활 모습 등을 알 수 있어요.

통 일 신 라 불교를 널리 알린 의상과 원효

1 **의상**과 **원효**

2 해골에 고인 썩은 물

3 세상 모든 일도 **마음먹기**에 따라 달라질 것이다.

4 (순서대로) 원효, 의상

도움말

의상은 진골 출신으로 당나라로 가서 화엄을 공부
하고 돌아왔어요. 낙산사, 부석사 등 여러 절을 짓고
제자들에게 부처의 가르침을 전했어요. 원효는 6두
품 출신으로 거리로 나가 백성들에게 불교를 전하
기 위해 힘썼어요.

통 일 신 라 신문왕과 만파식적 이야기

1 대나무로 **피리**를 만들어 **천존고**에 보관했어요.

2 만파식적, 모든 걱정을 잠재운다.

3 (순서대로) 적의 배가 뒤집혔어요, 병이 사라졌어요, 비가 오고,
  비가 개었어요.

4 4, 2, 3, 1

도움말

만파식적 이야기는 《삼국유사》에 실려 전해 오고
있어요. 신문왕은 강력한 왕의 힘으로 나라를 평화
롭게 잘 다스렸어요.

통 일 신 라 불국사와 석굴암

1 경덕왕, 김대성

2 (순서대로) 나무를 깎은 듯 섬세하게 조각되어 있어요, 《무구 정
  광 대다라니경》이 발견되었어요.

3 무구 정광 대다라니경

4 (1) ○, (2) ×, (3) ○, (4) ○

도움말

불국사의 대웅전으로 가려면 청운교와 백운교라는
돌계단을 올라가야 해요. '사람의 세계와 부처님의
세계를 이어주는 다리'라는 의미로, 계단 아래를 다
리 모양으로 만들었어요.

통 일 신 라 **바다를 지킨 신라의 장보고**

1 ②

2 군사를 주시면 해적을 모두 없애 버리겠습니다.

3 장보고는 **완도**에 성을 쌓고 **청해진**이라고 이름 붙였어요.

4 (1) ✕, (2) ✕, (3) ○, (4) ○

도움말

장보고는 청해진이 당나라와 일본의 무역로 사이에 있다는 이점을 살려 중개 무역을 했어요. 당나라에서 귀한 물건을 사서 일본에 비싼 값에 팔아 엄청난 부를 쌓았어요.

통 일 신 라 **신라의 골품제**

1 골품제

2 2, 3, 1, 4

3 ②

4 **6**두품

찾아보기

ㅇ

ㅈ

1일 1독해